Lust auf Salat

Genießer haben schon lange entdeckt, daß sich mit Salaten der kleine Appetit und der große Hunger köstlich stillen lassen. Salate schmecken nicht nur vorzüglich, auch ihre Zubereitung ist ein kulinarisches Vergnügen. Phantasie wird in der Salatküche großgeschrieben. Jeder darf kreativ sein, es kommt nur darauf an, daß alle Zutaten geschmacklich harmonieren. Als kleine Hilfestellung gibt es bei den meisten Rezepten eine Hauptzutat und einen Hinweis, womit sich diese sonst noch kombinieren läßt. Im letzten Kapitel finden Sie außerdem besonders delikate Saucen für alle Salate.

Die Farbfotos gestalteten Odette Teubner und Kerstin Mosny.

Salate spielen in unserer Enährung eine wichtige Rolle, da sie zahlreiche Nährstoffe, Vitamine und Spurenelemente enthalten. Es lohnt sich daher, auf sorgfältigen Einkauf und richtigen Umgang mit diesen wichtigen Nahrungsmitteln zu achten. Hier das Wichtigste im Überblick:

• Alle Salate sollten Sie möglichst aus erntefrischen Salatpflanzen, Gemüsen und Kräutern aus nahegelegenem Freilandanbau zubereiten. Exotische Gewächse können Salaten zusätzliche Raffinesse und geschmacklichen Reiz verleihen.

• Am besten verwenden Sie frische Salatzutaten gleich am Tag des Einkaufs. Notfalls können Salatpflanzen auch gewaschen und geputzt, aber unzerkleinert in einem feuchten Tuch im Gemüsefach des Kühlschranks für kurze Zeit aufbewahrt werden.

• Gemüse und Obst sollten Sie immer waschen, auch wenn Sie es anschließend schälen. So vermeiden Sie, daß die unsichtbaren Verunreinigungen auf den Schalen durch das Schälmesser auf das Fruchtfleisch gelangen.

• Alle Zutaten, die gehackt, gewiegt oder kleingeschnitten werden, erst kurz vor dem Fertigstellen des Salates vorbereiten, da sie an der Luft rasch an Nährstoffen verlieren. Das gilt besonders für Kräuter.

• Auch Gewürzkörner sollten Sie erst kurz vor Gebrauch zerstoßen oder mahlen, damit sie ihr volles Aroma entwickeln. Das ist vor allem bei Pfeffer wichtig.

• Bei der Wahl des Salatöls spielt neben den geschmacksgebenden Ausgangsprodukten auch eine Rolle, ob es durch kaltes Pressen oder durch Extraktion gewonnen wurde. Bei der Extraktion wird das Öl aus den zerkleinerten und erwärmten Samen oder Früchten durch ein Lösungsmittel herausgezogen, welches durch Destillation wieder entfernt wird. Anschließend wird das Öl entsäuert, gebleicht und gefiltert, bis es geschmacksneutral und gut lagerfähig ist.

• Für Salate nehmen Sie aber besser Öl, das in Aroma und Farbe seinem Ausgangsprodukt entspricht und mehr wertvolle Fettbegleitstoffe enthält. Solches Öl kann nur durch kaltes Pressen aus erntefrischen Ölsaaten gewonnen werden, und die Ausbeute ist viel geringer als bei raffiniertem Öl. Kaltgepreßtes Öl muß kühl und dunkel gelagert werden und sollte, einmal geöffnet, rasch verbraucht werden. Für Salate eignen sich besonders gut: Olivenöl, Distelöl, Leinöl, Kürbiskernöl, Sojaöl, Sonnenblumenöl, Weizenkeimöl, Walnußöl.

• Auch die Auswahl des Essigs für Salate bedarf einiger Sorgfalt. Sein Säuregehalt beträgt mindestens 5%, selten mehr. Doch um die Säure allein geht es beim Salat nicht; hier kommt es auf die verfeinernden Aromen an. Probieren Sie doch einfach die verschiedenen Essigsorten aus, um herauszufinden, welche Ihnen am besten im Salat schmeckt: Apfelessig, Himbeeressig, Aceto balsamico, Sherryessig, Weißweinessig.

• Sie brauchen aber nicht unbedingt alle diese Öl- und Essigsorten vorrätig zu haben, sondern können die Salatsaucen auch variieren, indem Sie auf die Aromen zurückgreifen, die Sie bereits im Hause haben. Gleiches gilt für sehr ausgefallene Gewürze, für die ich immer leichter erhältliche Alternativen angegeben habe.

• Beim Zubereiten von Salatsaucen arbeiten Sie am besten mit einem Schneebesen. Alle Zutaten sollten Raumtemperatur haben. Zuerst Salz und feingemahlene Gewürze mit dem Essig oder dem Zitronensaft verrühren. Dann die restlichen Zutaten und zuletzt das Öl dazugeben.

Bunte Salate – ein kulinarisches Thema mit zahllosen Variationen.

Das A und O in der Salatküche: erntefrische und ausgereifte Salatpflanzen, Gemüse und Kräuter – dazu aromatischer Essig und kaltgepreßtes Öl.

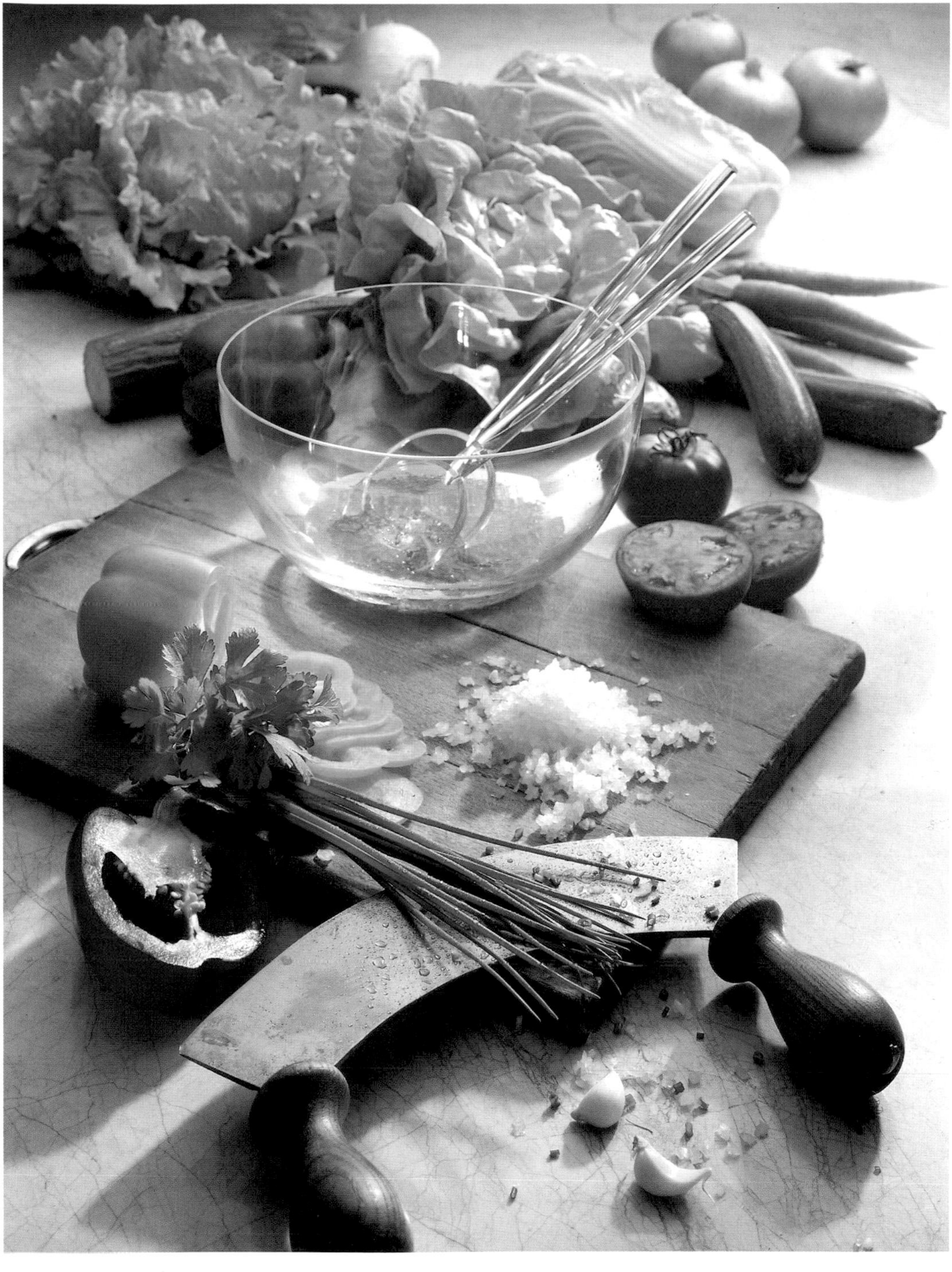

Pikanter Erdbeersalat

Wie Sie die Samen zum Sprossen bringen, lesen Sie auf Seite 22. – Roquette wird auch als Rocula, Ruka oder Salatrauke angeboten.

Zutaten für 4 Personen:
1 Handvoll Alfalfasprossen
400 g Erdbeeren
100 g Roquette
1 Bund Basilikum
2 Teel. Zitronensaft
2 Eßl. lieblicher Weißwein
Salz
frisch gemahlener weißer Pfeffer
1 Prise Zucker
2 Eßl. Distelöl

Raffiniert

Pro Portion etwa:
470 kJ / 110 kcal
2 g Eiweiß · 8 g Fett
7 g Kohlenhydrate

- Zeit zum Keimen: 4 bis 5 Tage
- Zubereitungszeit: etwa 30 Minuten

1. Die Alfalfasprossen abbrausen und in einem Sieb abtropfen lassen.

2. Die Erdbeeren waschen, trockentupfen und entkelchen. Kleine Beeren halbieren, große vierteln.

3. Den Roquette waschen, trokkenschleudern und die langen Stiele abknipsen. Vier Teller mit dem Roquette auslegen.

4. Das Basilikum waschen, trocknen und die Blättchen von den Stielen zupfen.

5. Den Zitronensaft mit dem Wein, etwas Salz und Pfeffer und dem Zucker verrühren. Langsam das Öl unter die Sauce schlagen.

6. Die Erdbeeren auf dem Salat anrichten, die Sprossen darüber geben, alles mit der Salatsauce beträufeln und mit den Basilikumblättchen bestreuen.

Tip !

Alfalfasprossen sind besonders zart und passen gut zu den übrigen Zutaten des Salates. Sie können jedoch auch die mild-würzigen Sprossen von Hirse oder Leinsamen verwenden.

Waldorfsalat

Mit frisch getoastetem Weißbrot ist diese klassische Vorspeise der richtige Auftakt für ein festliches Menü.

Zutaten für 4 Personen:
300 g Knollensellerie
200 g leicht säuerliche Äpfel
2 Eßl. Zitronensaft
Salz
50 g Walnußkerne
100 g Salatmayonnaise
100 g Sahne
1/2 Teel. Zucker

Berühmtes Rezept

Pro Portion etwa:
1400 kJ / 330 kcal
7 g Eiweiß · 29 g Fett
13 g Kohlenhydrate

- Zubereitungszeit: etwa 50 Minuten

1. Den Sellerie unter fließendem lauwarmem Wasser bürsten, schälen, waschen und abtrocknen. Die Äpfel waschen, schälen und das Kerngehäuse entfernen.

2. Den Sellerie und die Äpfel mit einem Gemüsehobel in Scheiben hobeln und sie dann in streichholzdünne Stifte schneiden.

3. Den Zitronensaft mit etwas Salz verrühren und unter die Sellerie- und Apfelstifte heben.

4. Die Walnüsse in nicht zu kleine Stücke hacken.

5. Die Mayonnaise mit der Sahne und dem Zucker verrühren und gut mit den Apfel- und Selleriestiften mischen. Den Salat mit den Walnüssen bestreuen.

Im Bild vorne: Waldorfsalat
Im Bild hinten: Pikanter Erdbeersalat

Eichblattsalat mit Avocadocreme

Diese zartwürzige Endivienart läßt sich gut mit Früchten oder anderen Zutaten von dezentem Geschmack kombinieren, da sie weniger starke Bitterstoffe als Endiviensalat enthält. Sie können diesen Salat auch gut mit anderen Früchten und Salatsaucen variieren. So finden Sie leicht heraus, welche Zusammenstellung Ihnen persönlich am meisten zusagt. Eichblattsalat immer sofort servieren, denn er verliert rasch an Frische.

Zutaten für 4 Personen:
1 Kopf Eichblattsalat (etwa 300 g)
2 Frühlingszwiebeln
2 Kiwis
100 g Lachsschinken
2 reife Avocados
1 Eigelb
2–3 EßI. Magerjoghurt
2–3 EßI. frisch gepreßter Grapefruitsaft
je 1 Prise Zucker und Cayennepfeffer
Salz
einige Tropfen Zitronensaft

Braucht etwas Zeit

Pro Portion etwa:
830 kJ / 200 kcal
8 g Eiweiß · 15 Fett
7 g Kohlenhydrate

• Zubereitungszeit: etwa 40 Minuten

1. Vom Salatkopf das Wurzelende abschneiden. Die losen Blätter unter schwachem Wasserstrahl von beiden Seiten gut abbrausen, in einem Sieb abtropfen lassen und die Blätter in Stücke reißen.

2. Von den Frühlingszwiebeln die Wurzelenden und die welken grünen Blatteile entfernen. Die Zwiebeln gründlich waschen und abtrocknen.

3. Die schlechten obersten Deckblätter von den Frühlingszwiebeln abziehen und die darunterliegenden feinen, feuchten Häutchen entfernen. Die Zwiebeln in gleichmäßige, dünne Ringe schneiden.

4. Die Kiwis waschen, abtrocknen und die Schalen abziehen. Das gelingt nur bei sehr reifen Früchten; noch nicht so reife Kiwis wie einen Apfel schälen.

5. Die Kiwis längs vierteln und die harten Stielansätze heraus-schneiden. Die Fruchtviertel in nicht zu dünne Scheibchen schneiden. Den austretenden Fruchtsaft mit einem Messer in eine Schüssel streifen.

6. Vom Lachsschinken den Fett-rand entfernen, den Schinken in etwa 1/2 cm dicke Scheiben und diese in 1/2 cm breite Streifen schneiden.

7. Die Avocados längs halbie-ren und entsteinen. Das Frucht-fleisch mit einem kleinen Löffel aus den Schalen lösen, in der Schüssel mit dem Kiwisaft mit einer Gabel zerdrücken. Das Eigelb und soviel von dem Joghurt und dem Grapefruitsaft dazugeben, bis eine leichte Creme entsteht.

8. Die Avocadocreme mit dem Zucker, dem Cayennepfeffer und Salz verrühren und je nach Geschmack Zitronensaft hinzu-fügen. Alle Salatzutaten locker mischen und die Avocadocreme unterheben.

Varianten

Anstelle des Lachsschinkens können Sie auch gebratene Geflügelleber nehmen. Für eine Vorspeise rechnen Sie pro Per-son etwa 50 – 70 g Leber. Die Geflügellebern waschen, trockentupfen und von allen anhängenden Häutchen und Fetteilen befreien. Die Lebern an der dicksten Stelle leicht ein-schneiden, in wenig Mehl wen-den, in heißem Kokosfett von allen Seiten in etwa 3 Minuten knusprig braten, kurz abkühlen lassen. Den Salat wie beschrie-ben zubereiten und die Lebern darauf anrichten. Den Eich-blattsalat für diese Kombination jedoch nicht mit Kiwis, sondern mit Staudensellerie oder kurz gebratenen Zucchinischeiben mischen.

Wer hingegen die pikant-fruchti-ge Geschmacksrichtung bevor-zugt, kann Eichblattsalat auch mit Mangospalten, einigen Kap-stachelbeeren und dem Lachs-schinken zubereiten.

Für eine weitere, sehr schmack-hafte Vorspeise mischen Sie gebratene Austernpilze und Streifen von geräucherter Puten-brust unter den Eichblattsalat.

Champignon- salat mit Schinken

Für den Salat kleine, weiße Steinchampignons wählen. Sie heißen so, weil sie auf Steinen gezogen werden. Wegen ihres würzigen Geschmacks werden sie gerne roh gegessen.

Zutaten für 4 Personen:
350 g kleine Champignons
1 Eßl. Zitronensaft
Salz
100 g gekochter Schinken ohne Fettrand
1–2 Eßl. Weißweinessig
1/2 Teel. Zucker
5 Eßl. Crème double
2 Eßl. Schnittlauchröllchen

Gelingt leicht

Pro Portion etwa:
490 kJ/120 kcal
20 g Eiweiß · 6 g Fett
4 g Kohlenhydrate

• Zubereitungszeit: etwa 30 Minuten

1. Die Champignons lauwarm abbrausen, trockentupfen und die Stielenden abschneiden. Große Köpfe halbieren, kleine ganz lassen. Alle Pilze in einer Schüssel mit dem Zitronensaft und etwas Salz mischen.

2. Den Schinken in feine Streifen schneiden und unter die Pilze mengen.

3. Den Essig mit dem Zucker und der Crème double verrühren, unter den Salat heben und diesen mit dem Schnittlauch bestreuen.

Schotensalat mit Bries

Erbsenschoten oder Zuckerschoten werden im Sommer nur für einige Wochen angeboten. Kurz gedünstet ergeben sie einen hervorragenden Salat, der vegetarisch ebenso gut schmeckt wie in Verbindung mit zartem Fleisch.

Zutaten für 4 Personen:
200 g Bries
3–4 Eßl. Weißweinessig
Salz
400 g Erbsenschoten
frisch gemahlener weißer Pfeffer
2 Eßl. Leinöl
1 Eßl. Butterschmalz
4 Salbeiblätter

Raffiniert

Pro Portion etwa:
790 kJ/190 kcal
15 g Eiweiß · 10 g Fett
11 g Kohlenhydrate

• Zeit zum Wässern: etwa 2 Stunden
• Zubereitungszeit: etwa 50 Minuten

1. Das Bries wässern, bis sich alle Blutreste gelöst haben, dabei das Wasser mehrmals wechseln.

2. Das Bries waschen, in 3/4 l Wasser mit 2 Eßlöffeln Essig und etwas Salz zum Kochen bringen und etwa 15 Minuten schwach sieden lassen.

3. Das Bries kalt abschrecken, die Haut abziehen, alle knorpeligen Stellen entfernen und das Bries in Scheiben schneiden.

4. Die Schoten waschen, die Stielansätze abknipsen und die Fäden an der Außenkante abziehen.

5. 6 Eßlöffel Wasser mit etwas Salz zum Kochen bringen, die Schoten hineinschütten, zugedeckt etwa 5 Minuten dünsten, abgießen und die Dünstflüssigkeit auffangen. Die Schoten zugedeckt warm halten.

6. Den restlichen Essig mit etwas Pfeffer verrühren, das Öl und 2 Eßlöffel von der Dünstflüssigkeit untermischen. Die Marinade über die Schoten gießen.

7. Das Butterschmalz erhitzen, die Briesscheiben von jeder Seite etwa 3 Minuten darin braten und mit den Schoten auf Tellern anrichten.

8. Den Salbei waschen, trockentupfen, in Streifen schneiden und über den Schoten verteilen.

Im Bild vorne: Schotensalat mit Bries
Im Bild hinten: Champignonsalat mit Schinken

Fenchelsalat mit Schinken

Die Fenchelknolle ist der verdickte Stiel der Pflanze und besteht aus fleischigen, gerippten Blättern. Die langen Stiele werden nicht verwendet, stets aber die feinen grünen Blättchen. Von den äußeren Blättern der Knolle sollten Sie die harten Rippen entfernen.

Zutaten für 4 Personen:
1 Eßl. Weißweinessig
1 Teel. mittelscharfer Senf
4 Eßl. Walnußöl
1 säuerlicher Apfel
2 kleine Orangen
2 Fenchelknollen zu je 200 g
2 Teel. Zitronensaft
Salz
1 Prise Zucker
100 g roher Schinken
10 Walnußkerne

Für Gäste

Pro Portion etwa:
1300 kJ/310 kcal
7 g Eiweiß · 24 g Fett
14 g Kohlenhydrate

• Zubereitungszeit: etwa 35 Minuten

1. Den Essig mit dem Senf und dem Öl verrühren und in eine Salatschüssel gießen.

2. Den Apfel schälen, vierteln, vom Kernhaus befreien und in Scheiben schneiden. Die Orangen schälen, dabei auch die weiße Unterhaut entfernen. Die Filets zwischen den Trennhäuten herauslösen, den abtropfenden Saft und das Obst mit der Marinade mischen.

3. Den Fenchel waschen, das zarte Grün abzupfen und beiseite legen. Die Stiele, die holzigen äußeren Schichten und das Wurzelende abschneiden. Die Blätter von den harten Rippen befreien. Die Knollen quer halbieren, in feine Scheiben schneiden, die zu Streifen zerfallen.

4. Den Zitronensaft mit etwas Salz und dem Zucker verrühren und über den Fenchel gießen. Den Schinken in Streifen schneiden. Die Nüsse hacken. Alle Zutaten mit der Marinade mischen und zuletzt das Fenchelgrün über den Salat streuen.

Spargelsalat mit Lachsröllchen

Als festliche Vorspeise sollten Sie den Salat nur mit frischem Spargel zubereiten. Wegen des Farbkontrasts paßt zum Spinat am besten weißer Spargel, aber auch die Sorte mit violetten Köpfchen macht sich optisch gut. Wichtig: Spargel möglichst tagfrisch zubereiten. Beim Kauf auf noch saftige Schnittenden achten. – Für Salate ist nur der zarte, junge Blattspinat geeignet, der im Frühjahr und Frühsommer wächst.

Zutaten für 4 Personen:
250 g Spargel
Salz
1/2 Teel. Zucker
200 g junger Blattspinat
1 Schalotte
2 Teel. Zitronensaft
2 Teel. Distelöl
100 g Sahnejoghurt
1 Teel. milder Senf
frisch gemahlener weißer Pfeffer
4 Eßl. Crème double
1 Eßl. Kerbelblättchen
200 g geräucherter Lachs

Etwas teurer

Pro Portion etwa:
440 kJ/100 kcal
4 g Eiweiß · 9 g Fett
3 g Kohlenhydrate

• Zubereitungszeit: etwa 1 Stunde

1. Den Spargel waschen, schälen und die Enden kürzen. Schalen und Enden etwa 10 Minuten kochen lassen, abseihen und den Sud mit dem Zucker und etwas Salz erneut aufkochen lassen. Den Spargel in Stücke schneiden, zugedeckt 15 Minuten im Sud kochen und dann abkühlen lassen.

2. Den Spinat mehrmals in stehendem Wasser waschen, in einem Tuch trockenschleudern, die langen Stiele abknipsen und auf vier Teller verteilen. Die Schalotte hacken. Eine Prise Salz mit dem Zitronensaft und dem Öl mischen und mit der Schalotte über den Spinat geben.

3. Den Spargel abtropfen lassen und auf dem Spinat anrichten. Den Joghurt mit dem Senf, etwas Salz, je einer Messerspitze Zucker, Pfeffer, der Crème double und dem Kerbel mischen und über den Spargel gießen.

4. Aus den Lachsscheiben Röllchen drehen, diese vorsichtig zusammenklappen und neben dem Spargel-Spinat-Salat anrichten. Hauchdünne, getoastete und noch warme Weißbrotscheiben dazu reichen.

Feldsalat mit Gänsebrust

Feldsalat ist auch als Ackersalat, Rapunzel, Nüßli- oder Vogelsalat bekannt. Die dunkelgrünen Blätter wachsen in kleinen Büscheln, sind von fester Konsistenz und sehr aromatisch.

Zutaten für 4 Personen:
200 g Feldsalat
1 kleiner Apfel
2 Teel. Zitronensaft
1 kleine Zwiebel
Salz
frisch gemahlener weißer Pfeffer
1–2 Teel. Ahornsirup
2 Eßl. Apfelessig
3 Eßl. Distelöl
150 g geräucherte Gänsebrust in
dünnen Scheiben

Gelingt leicht

Pro Portion etwa:
1000 kJ/240 kcal
17 g Eiweiß · 20 g Fett
11 g Kohlenhydrate

• Zubereitungszeit: etwa 30 Minuten

1. Von den Salatbüscheln die schlechten Blätter entfernen, den Salat mehrmals sorgfältig waschen, dann abtropfen lassen.

2. Den Apfel schälen, vierteln, das Kerngehäuse entfernen, die Viertel in Scheibchen schneiden und mit dem Zitronensaft beträufeln. Die Zwiebel klein würfeln.

3. Etwas Salz und Pfeffer mit dem Sirup und dem Essig verrühren und zuletzt das Öl unterschlagen.

4. Die Zwiebel mit dem Apfel und dem Feldsalat unter die Marinade heben, den Salat abschmecken. Wenn nötig, noch etwas von den angegebenen Gewürzen untermengen.

5. Die Gänsebrustscheiben dekorativ auf vier Tellern anordnen und den Salat daneben arrangieren.

Gefüllter Stauden-sellerie

Beim Staudensellerie – auch Bleich- oder Stangensellerie genannt – können Sie neben den Stangen auch die grünen Blätter verwenden. Gehackt passen sie gut zum fertigen Salat. Die etwas störenden dicken Fäden entlang den Stangen werden wie bei Rhabarber abgezogen.

Zutaten für 4 Personen:
300 g Staudensellerie
1 Frühlingszwiebel
200 g Frischkäse
75 g Roquefort
100 g Crème double
Salz
1 Teel. edelsüßes Paprikapulver

Vegetarisch

Pro Portion etwa:
1000 kJ/240 kcal
12 g Eiweiß · 19 g Fett
6 g Kohlenhydrate

• Zubereitungszeit: etwa 30 Minuten

1. Vom Staudensellerie das Wurzelende abschneiden, die Stangen waschen und eventuell die Fäden außen abziehen. Die Stangen in 5 cm lange Stücke schneiden. Das Selleriegrün hacken und beiseite stellen.

2. Von der Frühlingszwiebel das Wurzelende und die welken grünen Teile abschneiden. Das schlechte Deckblatt und das feine Häutchen darunter entfernen, die Zwiebel längs halbieren und in feine Scheibchen schneiden.

3. Mit einer Gabel den Frischkäse und den Roquefort mischen und mit der Crème double geschmeidig rühren. Sollte die Mischung zu fest sein, noch etwas Milch dazugeben. Das Selleriegrün und die Zwiebelscheibchen unter die Käsecreme heben und diese nach Belieben mit Salz abschmecken.

4. Die Käsecreme mit einem kleinen Löffel oder mit einem Spritzbeutel mit Sterntülle in die Selleriestücke füllen und das Paprikapulver darüber stäuben.

Im Bild vorne: Gefüllter Staudensellerie
Im Bild hinten: Feldsalat mit Gänsebrust

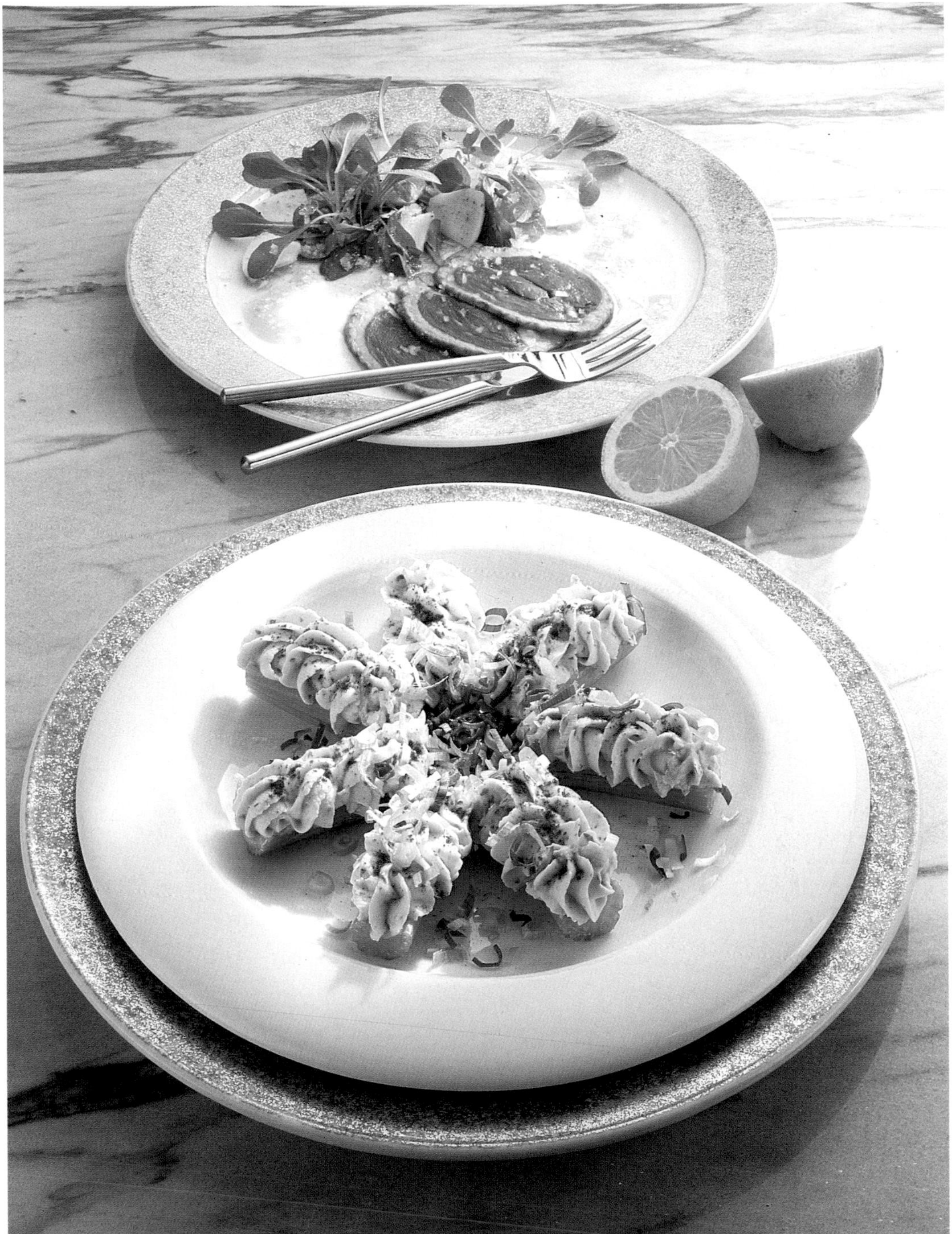

Radicchiosalat mit Zucchini

Radicchio ist von feinherbem Bittergeschmack, vor allem in der Wurzel. Er paßt gut zu grünen Blattsalaten, Zitrusfrüchten, gehackten Nüssen, hartgekochten Eiern oder geraspeltem Rettich.

Zutaten für 4 Personen:
300 g Radicchio
4 Blättchen Portulak oder
1/2 Bund Petersilie
200 g Zucchini
2 Eßl. Maiskeimöl
Salz
2 Knoblauchzehen
1 nicht zu kleines Stück
Graubrotrinde
2 hartgekochte Eier
2 Eßl. Aceto balsamico
1 Teel. mittelscharfer Senf
frisch gemahlener schwarzer Pfeffer
4 Eßl. Olivenöl

Vegetarisch

Pro Portion etwa:
1100 kJ/260 kcal
4 g Eiweiß · 24 g Fett
9 g Kohlenhydrate

• Zubereitungszeit: etwa 45 Minuten

1. Die Radicchioblätter vom Wurzelende lösen und waschen. Große Blätter in Stücke reißen.

2. Die Portulakblättchen abbrausen, trocknen, kleinschneiden und mit dem Radicchio mischen.

3. Die Zucchini waschen, schälen und in feine Scheiben schneiden. Das Öl erhitzen und die Zucchini bei mittlerer Hitze von allen Seiten kräftig anbraten, salzen und abkühlen lassen.

4. Eine Knoblauchzehe halbieren und die Brotrinde damit einreiben. Die Rinde in kleine Würfel schneiden und in einer Pfanne ohne Fett bräunen.

5. Die Eier schälen und hacken. Den Essig mit dem Senf, etwas Salz und Pfeffer und dem Öl verrühren. Den restlichen Knoblauch zerdrücken und in die Sauce mischen.

6. Den Radicchio mit den Zucchinischeiben, den Brotwürfeln und der Salatsauce mischen und die gehackten Eier darauf verteilen.

Gurkensalat mit Garnelen

Für Salate sollten Sie Gurken immer schälen, lediglich bei jungen Freilandgurken können Sie darauf verzichten. Gurkensalate lassen sich durch Dill, Fenchelgrün, Pimpinelle oder Zitronenmelisse verfeinern.

Zutaten für 4 Personen:
1 kleine Salatgurke
Salz
1 Eßl. Weißweinessig
2 Teel. Zitronensaft
1–2 Teel. Ahornsirup
4 Eßl. Keimöl
200 g gegarte, enthülste Garnelen
1 Bund Dill

Gelingt leicht

Pro Portion etwa:
770 kJ/180 kcal
10 g Eiweiß · 16 g Fett
1 g Kohlenhydrate

• Zubereitungszeit: etwa 30 Minuten

1. Die Gurke waschen und eventuell schälen. Längs vierteln, mit einem Löffel die Kerne herausschaben und die Gurke in etwa 1 cm dicke Scheiben schneiden.

2. Etwas Salz mit dem Essig und dem Zitronensaft verrühren. 1 Teelöffel Ahornsirup und das Öl hinzugeben und die Marinade nach Bedarf noch mit Ahornsirup abschmecken.

3. Wenn nötig, von den Garnelen den schwarzen »Faden«, den Darm, abziehen. Mit den Gurken und der Marinade mischen und zugedeckt etwa 5 Minuten ziehen lassen.

4. Den Dill waschen, die grünen Blättchen abzupfen. Den Salat abschmecken, eventuell noch Zitronensaft, Sirup und etwas Salz untermengen und mit dem Dill bestreuen.

Bild oben: Radicchiosalat mit Zucchini
Bild unten: Gurkensalat mit Garnelen

Wachteleier auf Endiviensalat

Zutaten für 4 Personen:
1 Kopf Endiviensalat (etwa 300 g)
2 Frühlingszwiebeln
Salz
frisch gemahlener schwarzer Pfeffer
1–2 Eßl. Sherryessig
3 Eßl. Olivenöl
2 Eßl. Kresseblättchen
100 g Kirschtomaten
8 Wachteleier aus dem Glas
einige Blättchen Thymian

Etwas teurer

Pro Portion etwa:
570 kJ/140 kcal
3 g Eiweiß · 12 g Fett
3 g Kohlenhydrate

• Zubereitungszeit: etwa 30 Minuten

1. Von der Salatstaude das Wurzelende abschneiden und die Blätter einzeln unter fließendem Wasser waschen, trockenschleudern oder abtropfen lassen und in Streifen schneiden.

2. Die Frühlingszwiebeln putzen, waschen und in Scheibchen schneiden.

3. Etwas Salz mit einer Prise Pfeffer und dem Essig verrühren, das Öl darunterschlagen und die Marinade dann mit den Kresseblättchen, den Zwiebelscheibchen und dem Endiviensalat vermengen.

4. Die Kirschtomaten waschen und halbieren. Die Wachteleier ebenfalls halbieren. Mit etwas Salz bestreuen und auf dem Salat anrichten.

5. Den Thymian waschen und auf die Tomaten streuen.

Muschel-Frisée-Salat

Friséesalat ist eine stark gekräuselte Endivienart. – Bei frischen Muscheln nur Tiere mit geschlossener Schale wählen, aber nach dem Garen ungeöffnete Muscheln wegwerfen.

Zutaten für 4 Personen:
1 kg Miesmuscheln
1 Zwiebel
1/4 l trockener Weißwein
1 Teel. schwarze Pfefferkörner
1 Kopf Friséesalat
(etwa 300 g)
1 Stange Staudensellerie
2 Schalotten
2 große Knoblauchzehen
2 Teel. mittelscharfer Senf
2 Eßl. Weißweinessig
Salz
3 Eßl. Olivenöl
1 Eßl. Butterschmalz
1 Scheibe Toastbrot
2 Eßl. Schnittlauchröllchen

Raffiniert

Pro Portion etwa:
1000 kJ/240 kcal
27 g Eiweiß · 6 g Fett
11 g Kohlenhydrate

• Zubereitungszeit: etwa 40 Minuten

1. Die Muscheln unter fließendem kaltem Wasser bürsten, die Byssusfäden entfernen. Die Zwiebel würfeln.

2. Den Wein mit den Zwiebeln und den Pfefferkörnern zum Kochen bringen, die Muscheln hineinschütten und zugedeckt 10 Minuten kochen lassen; dabei öfter am Topf rütteln, damit alle Muscheln gleichzeitig garen.

3. Die Muscheln abkühlen lassen, aus den Schalen lösen, den Kochsud durch ein Tuch gießen und aufbewahren.

4. Vom Friséesalat das Wurzelende wegschneiden, die Blätter waschen und in kleine Stücke reißen.

5. Die Selleriestange waschen, die Fäden abziehen und den Sellerie in dünne Scheibchen schneiden.

6. Die Schalotten und die Knoblauchzehen klein hacken.

7. Den Senf mit dem Essig, etwas Salz, 2 Eßlöffeln vom Muschelsud und dem Öl verrühren und mit allen Salatzutaten vermengen.

8. Das Butterschmalz erhitzen. Das Brot in kleine Würfel schneiden, knusprig braten und auf dem Salat verteilen.

Im Bild vorne: Wachteleier auf Endiviensalat
Im Bild hinten: Muschel-Frisée-Salat

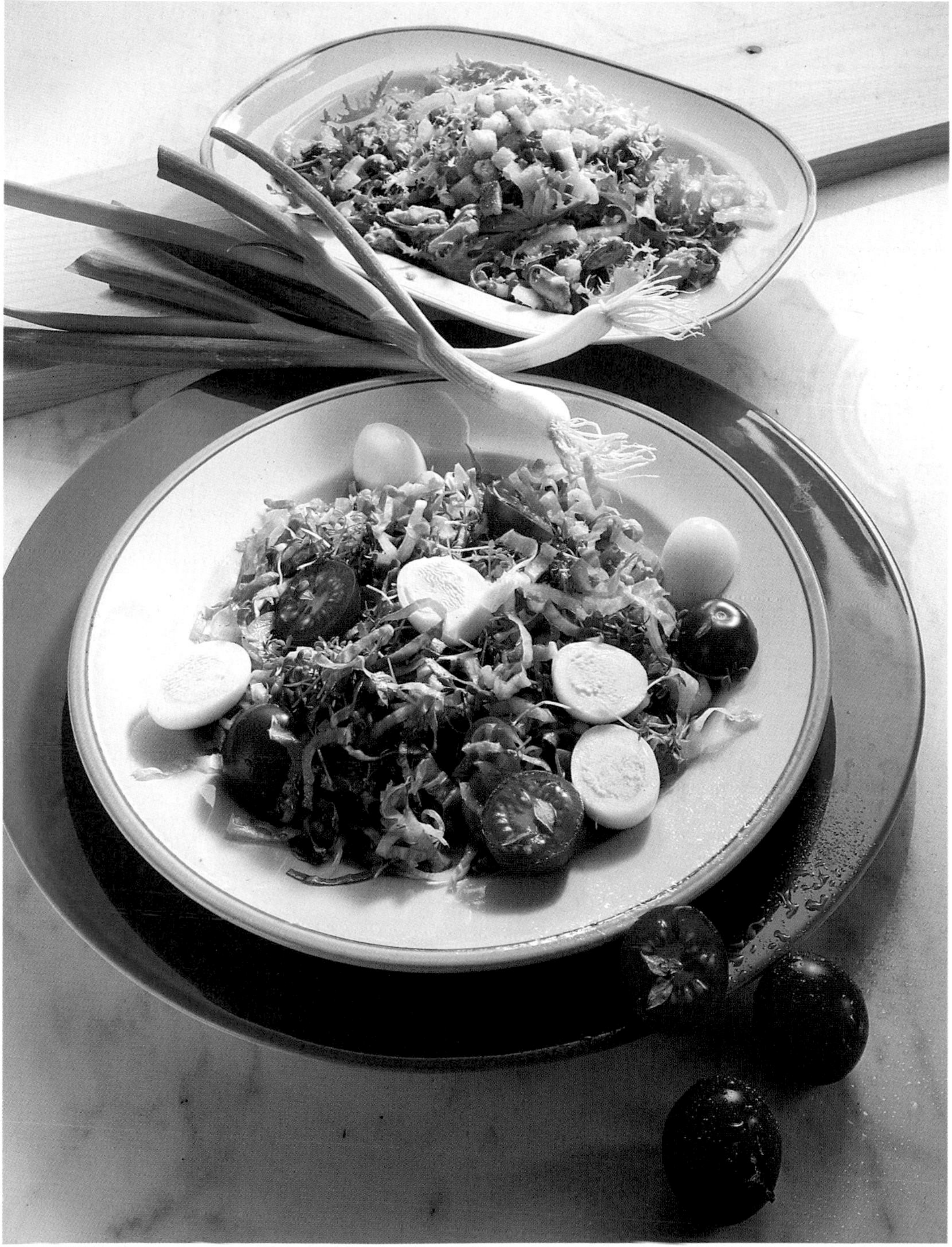

Eisbergsalat mit Radieschen

Eisbergsalat – auch Eissalat genannt – hat hellgrüne, glänzende Blätter, die des sogenannten »blauen« Eisbergsalats haben rostrote Ränder. Beide Sorten unterscheiden sich geschmacklich kaum voneinander. Ihre Konsistenz läßt sich mit den Herzen von grünem Kopfsalat vergleichen.

Zutaten für 4 Personen:
1 Kopf Eisbergsalat
(etwa 400 g)
1 große rote Zwiebel
2 Bund Radieschen
200 g saure Sahne
1–2 Teel. scharfer Senf
Salz
1 Messerspitze Zucker
frisch gemahlener weißer Pfeffer
einige Tropfen Zitronensaft
3 Eßl. Schnittlauchröllchen

Gelingt leicht

Pro Portion etwa:
350 kJ/83 kcal
3 g Eiweiß · 5 g Fett
4 g Kohlenhydrate

• Zubereitungszeit: etwa 30 Minuten

1. Vom Eisbergsalat die äußeren schlechten Blätter entfernen, den Salat waschen und trockenschleudern. Das Wurzelende abschneiden, den Salatkopf quer in vier möglichst gleich dicke Scheiben schneiden und diese auf Tellern anrichten.

2. Die Zwiebel schälen, in dünne Ringe schneiden und auf den Salatportionen anrichten.

3. Die Radieschen waschen, abtrocknen, würfeln und über die Salatportionen streuen.

4. Die saure Sahne zunächst mit 1 Teelöffel Senf, etwas Salz, dem Zucker und etwas Pfeffer verrühren, mit dem Zitronensaft abschmecken und nach Bedarf noch vom übrigen Senf untermischen.

5. Die Sauce über die Salatportionen gießen und den Schnittlauch darüber streuen.

Römischer Salat mit Gorgonzola

Er wird auch unter den Bezeichnungen Romana, Bindesalat oder Sommerendivien angeboten und ist mit der Endivie verwandt.

Zutaten für 4 Personen:
1 Kopf Römischer Salat
(etwa 300 g)
100 g Radicchio
100 g Zucchini
2 Schalotten
40 g Gorgonzola
3 Eßl. Sahne
3 Eßl. Magerquark
1–2 Eßl. Sherryessig
etwas Orangensaft
Salz
4 Zweige Portulak oder
1/2 Bund Petersilie

Schnell

Pro Portion etwa:
230 kJ/55 kcal
3 g Eiweiß · 4 g Fett
2 g Kohlenhydrate

• Zubereitungszeit: etwa 30 Minuten

1. Von beiden Salaten die Blätter vom Strunk lösen, waschen, trockenschleudern, in Stücke reißen und in eine Salatschüssel geben.

2. Die Zucchini waschen, trockenreiben und würfeln. Die Schalotten kleinhacken und mit den Zucchiniwürfeln unter den Salat mengen.

3. Den Käse mit einer Gabel zerdrücken, mit der Sahne, dem Quark und dem Essig cremig rühren und soviel Orangensaft dazugeben, bis die Sauce flüssig ist. Die Sauce mit Salz und eventuell noch etwas Essig abschmecken und unter den Salat heben.

4. Den Portulak abbrausen, trockentupfen, die Blättchen von den Stielen zupfen, kleinschneiden und über den Salat streuen.

Im Bild vorne: Eisbergsalat mit Radieschen
Im Bild hinten: Römischer Salat mit Gorgonzola

Kressesalat mit Linsensprossen

Gartenkresse wird meist in ihrer kleinblättrigen Jungform im Kartonbeet angeboten. Wegen ihres kräftigen, an Pfeffer erinnernden Geschmacks wird sie gern als würzende Zutat verwendet. Wenn Sie Kresse jedoch mit Obst oder Gemüse von mildem Eigengeschmack kombinieren, ergibt sie einen vorzüglichen Salat.

Zutaten für 4 Personen:
40 g kleine braune keimfähige Linsen
1 Kästchen Gartenkresse
250 g Möhren
1 Knolle Kohlrabi
100 g Magerjoghurt
Salz
Saft von 1 Zitrone
1–2 Teel. Ahornsirup
1 säuerlicher Apfel

Vegetarisch

Pro Portion etwa:
500 kJ/120 kcal
16 g Eiweiß · 4 g Fett
14 g Kohlenhydrate

• Zeit zum Keimen: 3–4 Tage
• Zubereitungszeit: etwa 40 Minuten

1. Die Linsen waschen und von lauwarmem Wasser bedeckt etwa 8 Stunden in einem Weckglas quellen lassen. Das Wasser durch ein Sieb abgießen, die Linsen zurück ins Glas schütten. Locker zugedeckt, hell und warm – aber nicht in der Sonne – keimen lassen.

2. Die Linsen zweimal täglich mit Wasser übergießen und das Wasser gleich wieder ablaufen lassen. Nach 3–4 Tagen treiben die Linsen Sprossen. Diese vor dem Verzehr lauwarm abbrausen und abtropfen lassen. Die Kresse vom Beet schneiden, in einem Sieb abbrausen und ebenfalls abtropfen lassen.

3. Die Möhren und den Kohlrabi waschen, schälen und in möglichst feine Stifte schneiden. Den Joghurt mit etwas Salz, dem Zitronensaft und dem Sirup verrühren. Den Apfel waschen, schälen und in die Sauce raspeln. Zum Schluß die Sauce noch einmal abschmecken.

4. Die Sauce mit den Gemüsestiften vermengen und in einer Salatschüssel anrichten. Den Salat mit der Kresse und mit den Linsensprossen bestreuen und sofort servieren.

Rosenkohl-salat mit Salbeisahne

Junger Rosenkohl eignet sich sehr gut für Salate. Nach den ersten Frostnächten des frühen Winters schmecken die Röschen am besten, da der Frost ihnen ein wenig von ihrem strengen Geschmack nimmt. Rosenkohl läßt sich gut mit leicht säuerlichen Äpfeln, mit frischer Ananas, Mango, Grapefruit oder Eßkastanien kombinieren. Als Saucen eignen sich sahnige oder cremige Mischungen mit leichter Säure.

Zutaten für 4 Personen:
600 g möglichst kleine Rosenkohl-röschen
1 großer leicht säuerlicher Apfel
4 Teel. Zitronensaft
1 kleine reife Banane
Salz
frisch gemahlener weißer Pfeffer
5 Eßl. Crème fraîche
4 Eßl. Milch
4 Salbeiblättchen

Gelingt leicht

Pro Portion etwa:
620 kJ/150 kcal
8 g Eiweiß · 6 g Fett
15 g Kohlenhydrate

• Zubereitungszeit: etwa 30 Minuten

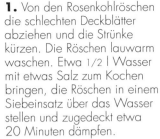

1. Von den Rosenkohlröschen die schlechten Deckblätter abziehen und die Strünke kürzen. Die Röschen lauwarm waschen. Etwa 1/2 l Wasser mit etwas Salz zum Kochen bringen, die Röschen in einem Siebeinsatz über das Wasser stellen und zugedeckt etwa 20 Minuten dämpfen.

2. Den Apfel waschen, schälen, vierteln, das Kerngehäuse entfernen, die Apfelviertel in Würfel schneiden und mit der Hälfte des Zitronensaftes mischen.

3. Die Banane schälen, in Stücke schneiden, mit einer Gabel zerdrücken und mit dem übrigen Zitronensaft, etwas Salz und Pfeffer vermengen. Die Crème fraîche und die Milch unter das Bananenpüree rühren. Die Sauce mit etwas Salz und Zitronensaft abschmecken.

4. Den Rosenkohl in einem Sieb abtropfen lassen. Den Salbei waschen, trockentupfen, klein-schneiden und unter die Salat-sauce mischen. Den etwas abgekühlten Rosenkohl und die Apfelwürfel mit der Sauce ver-mengen und zugedeckt einige Minuten ziehen lassen.

Große Rohkostplatte

Wollen Sie eine Mahlzeit mit Rohkost beginnen, dann können Sie diese Platte als erfrischende Vorspeise servieren. Sie eignet sich aber auch als Beilage zu vielen Hauptgerichten.

Zutaten für 4 Personen:
1 kleiner Rettich
1 mittelgroße Möhre
1 gelbe Paprikaschote
4 Eßl. gekeimte Weizenkörner (Körner keimen lassen siehe Seite 22)
150 g Sauerkraut
1 Zwiebel
100 g Chicorée oder Endiviensalat
1 Kästchen Gartenkresse
4 Eßl. Apfelessig
6 Eßl. Magerquark
2 Teel. Ahornsirup
Salz
frisch gemahlener weißer Pfeffer
1 Teel. edelsüßes Paprikapulver
4 Eßl. Distelöl

Preiswert

Pro Portion etwa:
980 kJ/230 kcal
15 g Eiweiß · 18 g Fett
13 g Kohlenhydrate

• Zubereitungszeit: etwa 45 Minuten

1. Den Rettich dünn schälen, waschen, in Scheiben hobeln und diese in Stifte schneiden. Die Möhre schälen, waschen und grob raspeln.

2. Die Paprikaschote halbieren, vom Stielansatz, den Rippen und Kernen befreien. Die Schotenhälften waschen, abtrocknen und in Streifen schneiden.

3. Die Weizenkeime abbrausen und abtropfen lassen. Das vorbereitete Gemüse mit dem Sauerkraut und den Weizenkeimen portionsweise auf einer Platte anordnen.

4. Die Zwiebel klein würfeln. Den Chicorèe oder den Endiviensalat putzen, waschen, in Streifen schneiden, mit der Zwiebel mischen und ebenfalls auf die Platte geben.

5. Die Kresse vom Beet schneiden, in einem Sieb abbrausen, abtropfen lassen und über die Rohkost streuen. Den Essig mit dem Quark, dem Sirup, etwas Salz und Pfeffer, dem Paprikapulver und dem Öl verrühren und gesondert zur Rohkostplatte reichen.

Varianten

Zum erfrischenden Rettich passen auch Tomatenviertel, Frühlingszwiebelringe, Zucchiniwürfel, grüne Paprikaschotenstreifen und geviertelte Herzen von grünem Kopfsalat.
Bestreuen Sie die Rohkost dann mit geröstetem Leinsamen und geben Sie eine würzige Vinaigrette darüber.

Den Rettich kann man auch durch geraspelten Topinambur ersetzen und diesen mit roten Paprikastreifen, Scheibchen von Staudensellerie, gewürfelten, frischen roten Beten und streifig geschnittenem Chinakohl kombinieren. Die Rohkost dann mit gemischten Kräutern der Saison bestreuen und mit einer Joghurt- oder Quarksauce anmachen.

Zu kleinen rohen Blumenkohlröschen schmecken grüne Zuckererbsen, Gurkenwürfel, Kohlrabistreifen, streifig geschnittener Mangold und Gemüsezwiebelwürfel. Streuen Sie kleingeschnittenen Sauerampfer darüber und geben Sie eine mildsaure Salatsauce aus Eigelb, etwas Senf, Salz, Pfeffer, Apfelessig und kaltgepreßtem Öl dazu.

Bei der Zusammenstellung der Rohkostplatte können Sie – je nach Jahreszeit – Ihrer Phantasie freien Lauf lassen.

Bunter Wintersalat

Zutaten für 4 Personen:
100 g Feldsalat
300 g Chicorée
3 Frühlingszwiebeln
200 g Zucchini
1 kleiner Apfel
2 Kiwis
200 g Maiskörner aus der Dose
4 Eßl. Mascarpone (italienischer Frischkäse)
2 Eßl. Zitronensaft
3 Teel. Ahornsirup
Salz
frisch gemahlener weißer Pfeffer
1 Eßl. Olivenöl
3 Eßl. Schnittlauchröllchen

Gelingt leicht

Pro Portion etwa:
980 kJ/230 kcal
15 g Eiweiß · 18 g Fett
13 g Kohlenhydrate

• Zubereitungszeit: etwa 35 Minuten

1. Den Feldsalat waschen, putzen und abtropfen lassen. Vom Chicorée die schlechten Blätter abnehmen, die Stauden waschen, am Wurzelende den bitteren Keil herausschneiden und die Stauden in Streifen schneiden.

2. Die Frühlingszwiebeln putzen, waschen und in Ringe schneiden. Die Zucchini halbieren oder vierteln und in Scheibchen schneiden.

3. Den Apfel schälen, vierteln, entkernen und in Scheibchen schneiden. Die Kiwis schälen, vierteln, die Stielansätze aus-schneiden und die Viertel in Scheiben schneiden. Alle Salat-zutaten mit den Maiskörnern mischen.

4. Den Mascarpone mit dem Zitronensaft, dem Sirup, etwas Salz und Pfeffer und dem Öl verrühren, unter den Salat heben und mit dem Schnittlauch bestreuen.

Sommerlicher Gemüsesalat

Zutaten für 4 Personen:
je 1 kleine gelbe, grüne und rote Paprikaschote
1 kleine Salatgurke
1 Knolle Kohlrabi
400 g Tomaten
100 g Mangold
100 g enthülste Erbsen
1 Zwiebel
3 Knoblauchzehen
3 Eßl. Aceto balsamico
Salz
frisch gemahlener weißer Pfeffer
6 Eßl. Olivenöl
4 Eßl. Kerbelblättchen

Preiswert

Pro Portion etwa:
1300 kJ/310 kcal
7 g Eiweiß · 23 g Fett
17 g Kohlenhydrate

• Zubereitungszeit: etwa 50 Minuten

1. Das gesamte Gemüse waschen, trockenreiben oder abtropfen lassen.

2. Die Paprikaschoten vierteln, sorgfältig die weißen Rippen und die Kerne entfernen. Danach die Schoten in nicht zu kleine Streifen schneiden.

3. Die Gurke nach Bedarf schälen, längs vierteln und die Viertel in Scheiben schneiden. Den Kohlrabi schälen, achteln und in Scheiben schneiden.

4. Die Tomaten achteln und die Stielansätze ausschneiden. Vom Mangold die Blätter abtrennen und in Stücke reißen. Die weißen Mittelrippen in Streifen schneiden.

5. Die Erbsen mit dem vorbereiteten Gemüse mischen. Die Zwiebel würfeln und unter die Salatzutaten mengen, den Knoblauch in eine Schüssel pressen.

6. Den Essig mit dem Knoblauch, etwas Salz und Pfeffer und dem Öl verrühren, unter den Salat heben und diesen mit dem Kerbel bestreuen.

Bild oben: Bunter Wintersalat
Bild unten: Sommerlicher Gemüsesalat

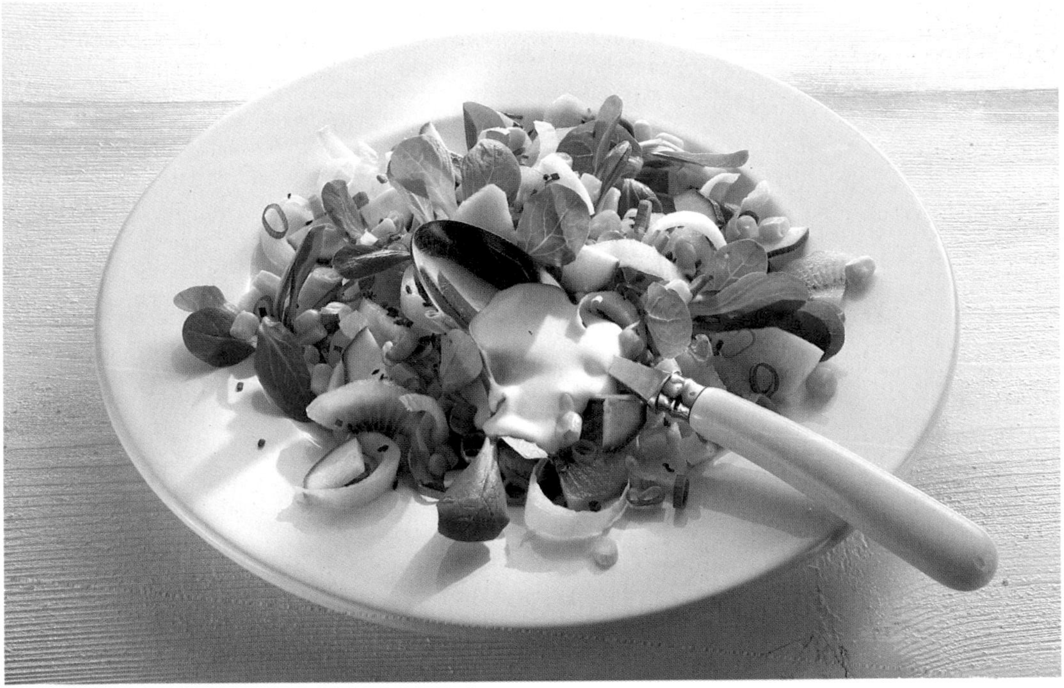

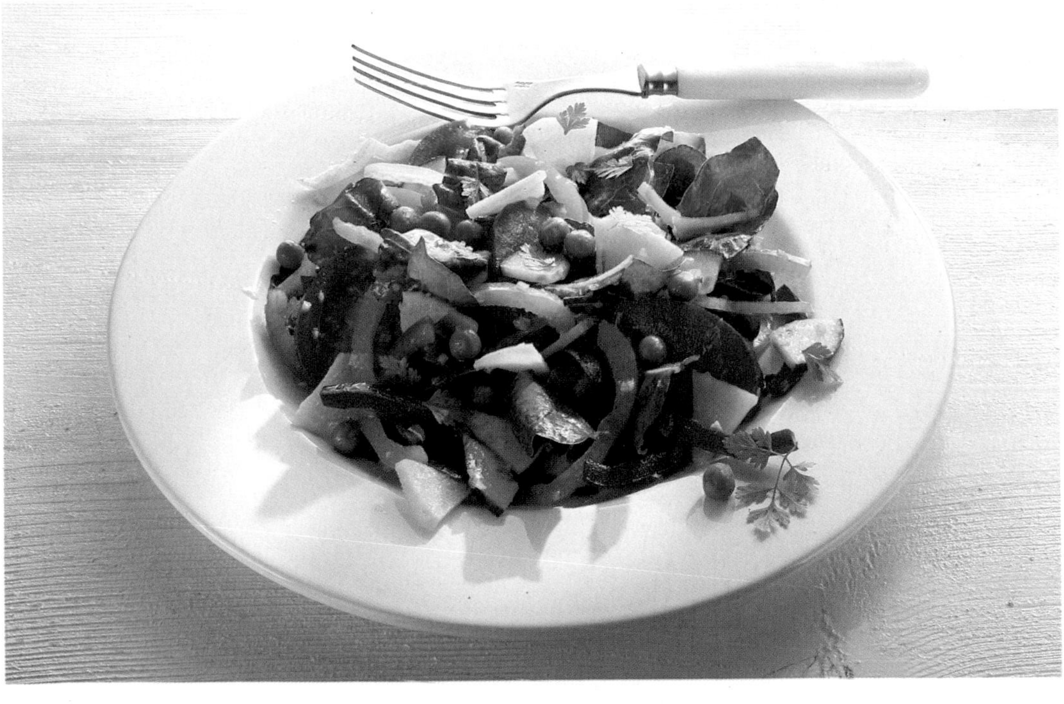

Rote-Bete-Salat mit Frischkäse

Zutaten für 4 Personen:
100 g Feldsalat
400 g rote Beten (möglichst kleine Knollen)
1 Zwiebel
1 säuerlicher Apfel
4 Teel. Zitronensaft
1 Eßl. Zucker
100 g Doppelrahm-Frischkäse
8 Eßl. Milch
Salz
1 Messerspitze gemahlener Kümmel
2 Teel. geriebener Meerrettich
2 Zweige Thymian

Raffiniert

Pro Portion etwa:
490 kJ/120 kcal
16 g Eiweiß · 2 g Fett
18 g Kohlenhydrate

• Zubereitungszeit: etwa 50 Minuten

1. Den Feldsalat waschen, putzen und abtropfen lassen. Die roten Beten unter fließendem Wasser bürsten, trockentupfen und wie einen Apfel schälen. In Scheiben hobeln, diese in feine Stifte schneiden und in eine Schüssel geben.

2. Die Zwiebel klein würfeln und mit den roten Beten mischen. Den Apfel schälen, vierteln, das Kerngehäuse entfernen, in Stifte schneiden und mit 1 Teelöffel Zitronensaft beträufeln.

3. In einem kleinen Topf den Zucker mit 2 Teelöffeln Wasser

unter ständigem Rühren erhitzen, bis der Zucker sich aufgelöst hat und goldgelb karamelisiert ist. Dann sofort vom Herd nehmen.

4. Den Frischkäse mit so viel Milch verrühren, daß eine cremige Masse entsteht. Diese mit dem Salz, dem Kümmel, dem übrigen Zitronensaft, dem Meerrettich und dem Karamel pikant abschmecken.

5. Eine Salatplatte mit dem Feldsalat auslegen. Die roten Beten mit dem Apfel unter die Käsecreme heben und neben dem Feldsalat anordnen. Den Thymian waschen, die Blättchen abzupfen, etwas kleinschneiden und über den Salat streuen.

Bataviasalat mit Croûtons

Batavia schmeckt würziger als grüner Kopfsalat. Man findet ihn in hellgelblichen und satten Grüntönen, oft auch mit rötlichen Blatträndern. Seine Saison sind die Wintermonate.

Zutaten für 4 Personen:
1 Kopf Bataviasalat
(etwa 400 g)
1 große Zwiebel
4 mittelgroße Tomaten
2 Scheiben Toastbrot
2 Eßl. Weißweinessig
Salz
4 Eßl. Walnußöl
1 Eßl. Butter
1 große Knoblauchzehe
1 Eßl. gehackte Petersilie

Für Gäste

Pro Portion etwa:
900 kJ/210 kcal
6 g Eiweiß · 13 g Fett
19 g Kohlenhydrate

• Zubereitungszeit: etwa 45 Minuten

1. Vom Bataviasalat gleich nach dem Einkauf die äußeren schlechten Blätter entfernen, das Wurzelende abschneiden, den Kopf in stehendem lauwarmem Wasser waschen, in ein Tuch einschlagen und bis zum Zubereiten ins Gemüsefach des Kühlschranks legen.

2. Die Zwiebel klein würfeln. Die Tomaten waschen, vierteln und die Stielansätze ausschneiden. Das Brot würfeln.

3. Den Essig mit etwas Salz und dem Öl verrühren. Den Bataviasalat in kleine Stücke reißen und in eine Schüssel geben.

4. Die Butter in einer Pfanne zerlassen, den Knoblauch dazupressen, mit der Butter und den Brotwürfeln mischen und unter Wenden goldgelb braten.

5. Den Salat mit der Marinade und den Zwiebelwürfeln vermengen, die Tomaten, die Croûtons und die Petersilie darauf verteilen.

Im Bild vorne: Bataviasalat mit Croûtons
Im Bild hinten: Rote-Bete-Salat mit Frischkäse

Chinakohl-salat

Chinakohl ist von mildem Geschmack, zarter Konsistenz, leicht verdaulich und eignet sich ebenso für Salate wie für feine Gemüsegerichte. Die langen, schmalen Köpfe aus gelbgrünen, locker zusammengefügten Blättern können bis zu 1 kg schwer werden. Derart große Exemplare kann man blattweise verbrauchen. In ein feuchtes Tuch eingeschlagen läßt sich Chinakohl bis zu einer Woche im Gemüsefach des Kühlschranks aufbewahren. Für Salate schmeckt er gut mit Äpfeln, Mandarinen, frischer Ananas und Nüssen oder mit Möhren, Mais und Staudensellerie.

Zutaten für 4 Personen:
1 Kopf Chinakohl (etwa 500 g)
100 g Feldsalat
100 g Möhren
1 Stange Staudensellerie
1 Zwiebel
3 Eßl. Apfelessig
Salz
frisch gemahlener schwarzer Pfeffer
5 Eßl. Walnußöl
3 Eßl. Schnittlauchröllchen

Preiswert

Pro Portion etwa:
910 kJ/220 kcal
3 g Eiweiß · 21 g Fett
5 g Kohlenhydrate

• Zubereitungszeit: etwa 45 Minuten

1. Die Blätter des Chinakohls dicht am Wurzelende abtrennen, waschen und trocken-tupfen. Mit der gerundeten Seite nach oben auf die Arbeitsfläche legen und die dicken Mittelrippen flachschneiden. Die Blätter aufeinanderlegen und in nicht zu schmale Streifen schneiden.

2. Den Feldsalat mehrmals waschen, abtropfen lassen und schlechte Blättchen entfernen.

3. Die Möhren waschen, schälen, längs und quer halbieren und in feine Stifte schneiden.

4. Den Sellerie waschen, das Blattgrün kleinschneiden und beiseite stellen. Von der Selleriestange die harten Fäden abziehen und die Stange in 1/2 cm dicke Scheiben schneiden.

5. Die Zwiebel klein würfeln und mit den vorbereiteten Zutaten mischen.

6. Den Essig mit etwas Salz und Pfeffer verrühren, das Öl unterschlagen, alles unter den Salat heben und die Schnittlauchröllchen darüberstreuen.

Varianten

600 g Chinakohl statt mit dem Feldsalat, den Möhren und dem Sellerie mit 250 g gewürfelten Gemüsezwiebeln und den gehackten Blättchen von 2 Zweigen frischem Thymian mischen. Eine Salatsauce aus Weißweinessig, Salz, frisch gemahlenem schwarzen Pfeffer und Olivenöl zubereiten, unter den Salat heben und diesen mit 150 g gewürfeltem Schafkäse bestreuen.

Etwa 600 g Chinakohl, 1 kleinen säuerlichen Apfel, geschält und gewürfelt, und Spalten von 2 Mandarinen mischen. Eine Salatsauce aus 100 g Magerjoghurt, 3 Eßlöffeln Crème fraîche, Zitronensaft, Distelöl, Salz und Pfeffer anrühren, unter den Salat heben und diesen mit 3 bis 4 Eßlöffeln gehackten, gerösteten Haselnüssen bestreuen.

Zum echten Vollwertsalat wird die Mischung, wenn Sie 400 g Chinakohl mit 100 g Feldsalat, 150 g entkernten Weintrauben und 50 g geröstetem Sesamsamen mischen. Die Sauce bereiten Sie aus Zitronensaft, Honig, wenig Ingwerpulver, Salz, weißem Pfeffer und Sesamöl.

Als leichte Vorspeise können Sie von einem kleinen Kopf Chinakohl auch das grüne obere Drittel abschneiden und es in vier gleich große Stücke teilen. Sie werden auf Portionstellern mit einer pikanten Sahnesauce übergossen und dann mit Walderdbeeren oder Johannisbeeren bestreut. Je nach Säure der Beeren schmecken Sie die Sauce mit mehr oder weniger Zitronensaft ab. Ein Zuviel an Säure mildern Sie mit Honig, Ahornsirup oder Zucker.

Mit Chinakohl lassen sich herrlich erfrischende und knackige Salate zubereiten.

Gemischter Salat mit Mais

Zutaten für 4 Personen:
1 Kopf Lollo rosso (etwa 400 g)
1 gelbe Paprikaschote
100 g Zucchini
1 Zwiebel
1 unbehandelte Zitrone
150 g Sahnejoghurt
Salz
1/2 Teel. Zucker
200 g Maiskörner aus der Dose
1 Bund Basilikum

Gelingt leicht

Pro Portion etwa:
350 kJ/83 kcal
4 g Eiweiß · 1 g Fett
14 g Kohlenhydrate

• Zubereitungszeit: etwa 35 Minuten

1. Den Salat putzen, waschen, trockenschleudern und die Blätter klein reißen.

2. Die Paprikaschote waschen, putzen und in Streifen schneiden. Die Zucchini waschen und würfeln.

3. Die Zwiebel in Ringe schneiden, mit den vorbereiteten Salatzutaten und den Maiskörnern mischen. Die Zitrone waschen, die Hälfte dünn schälen, die Schale in feine Streifen schneiden und die Zitrone auspressen.

4. Die Salatsauce aus dem Zitronensaft, dem Joghurt, etwas Salz und dem Zucker mischen und unter den Salat heben. Die Basilikumblättchen streifig schneiden und mit der Zitronenschale über den Salat streuen.

Lollo-rosso-Salat

Lollo rosso ist ein kugeliger, krausblättriger Salatkopf mit grünen Blättern, deren Ränder kräftig rot gefärbt sind. Sein milder Geschmack erlaubt allerlei Kombinationen. Von Juni bis September wird dieser italienische Salat häufig angeboten, danach nur noch sporadisch. Nach Möglichkeit sollten Sie kleinere Köpfe auswählen, da große viele faserige Außenblätter haben, die Sie wegwerfen müssen.

Zutaten für 4 Personen:
1 Kopf Lollo rosso (etwa 400 g)
150 g Zucchini
2 Frühlingszwiebeln
1 unbehandelte Zitrone
150 g Sahnejoghurt
Salz
1/2 Teel. Zucker
6 Zweige Zitronenmelisse
grob gemahlener schwarzer Pfeffer

Schnell

Pro Portion etwa:
140 kJ/33 kcal
3 g Eiweiß · 0,5 g Fett
4 g Kohlenhydrate

• Zubereitungszeit: etwa 30 Minuten

1. Die äußeren schlechten Blätter vom Salatkopf entfernen, den Rest in einzelne Blätter zerlegen, waschen und abtropfen lassen.

2. Die Zucchini waschen, schälen und würfeln. Die Frühlingszwiebeln waschen, vom Wurzelende, den laschen grünen Teilen, den Deckblättern und den Häutchen befreien und in Ringe schneiden.

3. Die Zitrone waschen und ungefähr die halbe Frucht dünn schälen. Die Schale in feine Streifen schneiden. Die Zitrone auspressen.

4. Den Lollo rosso in kleine Stücke reißen und mit den Zucchiniwürfeln, den Zwiebelringen und dem Zitronensaft mischen und auf Portionstellern anrichten.

5. Den Joghurt mit etwas Salz, Pfeffer und dem Zucker verrühren, über den Salat träufeln. Die Melisseblättchen waschen, trockentupfen, kleinschneiden und mit der Zitronenschale auf den Salat streuen.

Im Bild vorne: Gemischter Salat mit Mais
Im Bild hinten: Lollo-rosso-Salat

Blumenkohl-Broccoli–Salat

Blumenkohl und Broccoli sind miteinander verwandt und harmonieren nicht nur geschmacklich, sondern auch farblich gut. Für Salate nur die zarten Röschen der Pflanzen verwenden, Stiele oder Strünke für eine Suppe verarbeiten.

Zutaten für 4 Personen:
je 600 g Blumenkohl und Broccoli
1/4 l Milch
1 Scheibe Toastbrot
1 Knoblauchzehe
1 Eigelb
4 Eßl. Weißweinessig
Salz
frisch gemahlener weißer Pfeffer
3 Eßl. Olivenöl
2 Eßl. Schnittlauchröllchen

Vegetarisch

Pro Portion etwa:
1000 kJ/240 kcal
11 g Eiweiß · 16 g Fett
13 g Kohlenhydrate

• Zubereitungszeit: etwa 30 Minuten

1. Beide Kohlarten waschen und die Röschen abschneiden. Von der Milch 5 Eßlöffel abnehmen. Die restliche Milch mit etwas Wasser aufkochen, die Blumenkohlröschen zugedeckt etwa 6 Minuten darin kochen. Den Broccoli zugedeckt etwa 3 Minuten in Salzwasser kochen.

2. Die restliche Milch über das entrindete Toastbrot gießen. Den Knoblauch schälen und über das Brot pressen.

3. Das Gemüse in einem Sieb abtropfen lassen. Das Eigelb mit dem Essig, etwas Salz und Pfeffer verquirlen. Das Brot und das Öl dazugeben. Ist die Sauce zu fest, mit etwas Kochsud vom Blumenkohl verrühren.

4. Die Kohlröschen anrichten, mit der Sauce übergießen, mit dem Schnittlauch bestreuen und zugedeckt einige Minuten durchziehen lassen.

Chicoréesalat mit Champignons

Wegen seines leicht bitteren Geschmacks paßt Chicorée gut zu Früchten, Nüssen, anderen Blattsalaten, Möhren, Paprikaschoten oder Tomaten. Um den Bittergeschmack zu mildern, kürzen Sie die Stauden am Wurzelende und schneiden einen etwa 3 cm langen Keil heraus.

Zutaten für 4 Personen:
400 g Chicorée
100 g Champignons
2 Teel. Zitronensaft
100 g grüne Weintrauben
2 Eßl. Magerquark
1 Eigelb
Salz
1 Messerspitze Zucker
frisch gemahlener schwarzer Pfeffer
1 Eßl. Apfelessig
3 Eßl. Distelöl
6 Blättchen Pfefferminze

Für Gäste

Pro Portion etwa:
490 kJ/120 kcal
3 g Eiweiß · 9 g Fett
5 g Kohlenhydrate

• Zubereitungszeit: etwa 40 Minuten

1. Vom Chicorée die schlechten Außenblätter entfernen, die Stauden waschen und 8 ganze Blätter beiseite legen. Die Wurzelenden kürzen und einen etwa 3 cm großen Keil herausschneiden. Die Stauden in 3 cm breite Streifen schneiden.

2. Die Stielenden der Champignons etwas kürzen, die Pilze lauwarm abbrausen und in Scheiben schneiden. Mit dem Chicorée und dem Zitronensaft vermengen.

3. Die Weintrauben waschen, abtropfen lassen, jede Traube halbieren und die Kerne entfernen. Den Quark mit dem Eigelb, etwas Salz und Pfeffer, dem Zucker, dem Essig und dem Öl verrühren und unter den Salat heben.

4. Die Pfefferminze waschen und streifig schneiden. Eine Salatplatte mit den ganzen Chicoréeblättern auslegen, den angemachten Salat, die Weintrauben und die Minze daraufgeben.

Bild oben: Blumenkohl-Broccoli-Salat
Bild unten: Chicoréesalat mit Champignons

Kartoffelsalat mit Kasseler

Ist Kartoffelsalat als sättigende Beilage gedacht, bereitet man ihn aus festkochenden Salatkartoffeln. Soll er aber eine eigenständige Mahlzeit ergeben, und wird er dafür mit frischem Gemüse gemischt, dann eignen sich mehlig-festkochende Kartoffeln besser.

Zutaten für 4 Personen:
500 g mehlig-festkochende
Kartoffeln
2 Teel. Kümmel
3 Frühlingszwiebeln
2 Stangen Staudensellerie
1 kleine Salatgurke
400 g geräuchertes Kasseler
3 EßI. Weißweinessig
Salz
frisch gemahlener weißer Pfeffer
Zucker
4 EßI. Sahnejoghurt
3 EßI. Keimöl
4 EßI. Schnittlauchröllchen

Preiswert

Pro Portion etwa:
1900 kJ/450 kcal
25 g Eiweiß · 30 g Fett
23 g Kohlenhydrate

• Zubereitungszeit: etwa 1 Stunde

1. Die Kartoffeln unter fließendem Wasser bürsten, von Wasser bedeckt mit dem Kümmel zum Kochen bringen und zugedeckt bei mittlerer Hitze in etwa 30 Minuten garen. Die Kartoffeln dann abgießen, kalt abschrecken, pellen, in Scheiben schneiden und abkühlen lassen.

2. Die Frühlingszwiebeln, den Sellerie und die Gurke lauwarm waschen und abtrocknen. Das Selleriegrün kleinschneiden und zugedeckt beiseite stellen.

3. Das Gemüse putzen, schälen und die harten Fäden vom Sellerie abziehen. Die Zwiebeln in Ringe schneiden, den Sellerie in Scheibchen und die Gurke würfeln.

4. Das Kasseler in Scheiben und diese dann in dünne Streifen schneiden.

5. Den Essig mit etwas Salz und Pfeffer, dem Zucker und dem Joghurt verrühren und das Öl unterschlagen.

6. Alle Salatzutaten mischen, die Sauce unterheben und den Salat einige Minuten zugedeckt durchziehen lassen. Vor dem Servieren mit dem Schnittlauch bestreuen.

Varianten

Für sättigenden Kartoffelsalat gibt es unzählige Varianten. Hier ein Beispiel für die süß-saure Geschmacksrichtung. Die Kartoffelscheiben mit 300 g gegarten gewürfelten roten Beten oder roh geraspelten mischen. 1 geschälten gewürfelten, leicht säuerlichen Apfel, 2 gewürfelte Zwiebeln und die Scheibchen von 8 Cornichons untermengen. Für die Sauce 100 g Sahnejoghurt mit 50 g Crème fraîche, 1–2 Teelöffeln mittelscharfem Senf, etwas Salz und frisch gemahlenem weißem Pfeffer, 1–2 Teelöffeln Ahorn-sirup, 2 Eßlöffeln Zitronensaft und 4 Eßlöffeln Keimöl verrühren, unter den Salat heben und mit kleingeschnittenem Basilikum bestreuen.

Einen recht herzhafter Kartoffelsalat ergibt folgende Mischung: Gegarte, gewürfelte Pellkartoffeln mit etwa 1/8 l Fleischbrühe übergießen und darin etwa 15 Minuten ziehen lassen; kalte Kartoffeln mit heißer, warme mit kalter Brühe. Mit 2 gewürfelten Zwiebeln, 4 kleingeschnittenen Sardellenfilets, 100 g Feldsalat und 100 g knusprig ausgebratenen Speckwürfeln mischen. Den Salat mit einer Marinade aus 3 Eßlöffeln Apfelessig, wenig Salz, schwarzem Pfeffer und 2 Eßlöffeln Distelöl anmachen und mit Tomaten- und Eiachteln belegen.

Der Kartoffelsalat mit Kasseler ist der ideale Partysalat: Er schmeckt jedem und ist problemlos vorzubereiten.

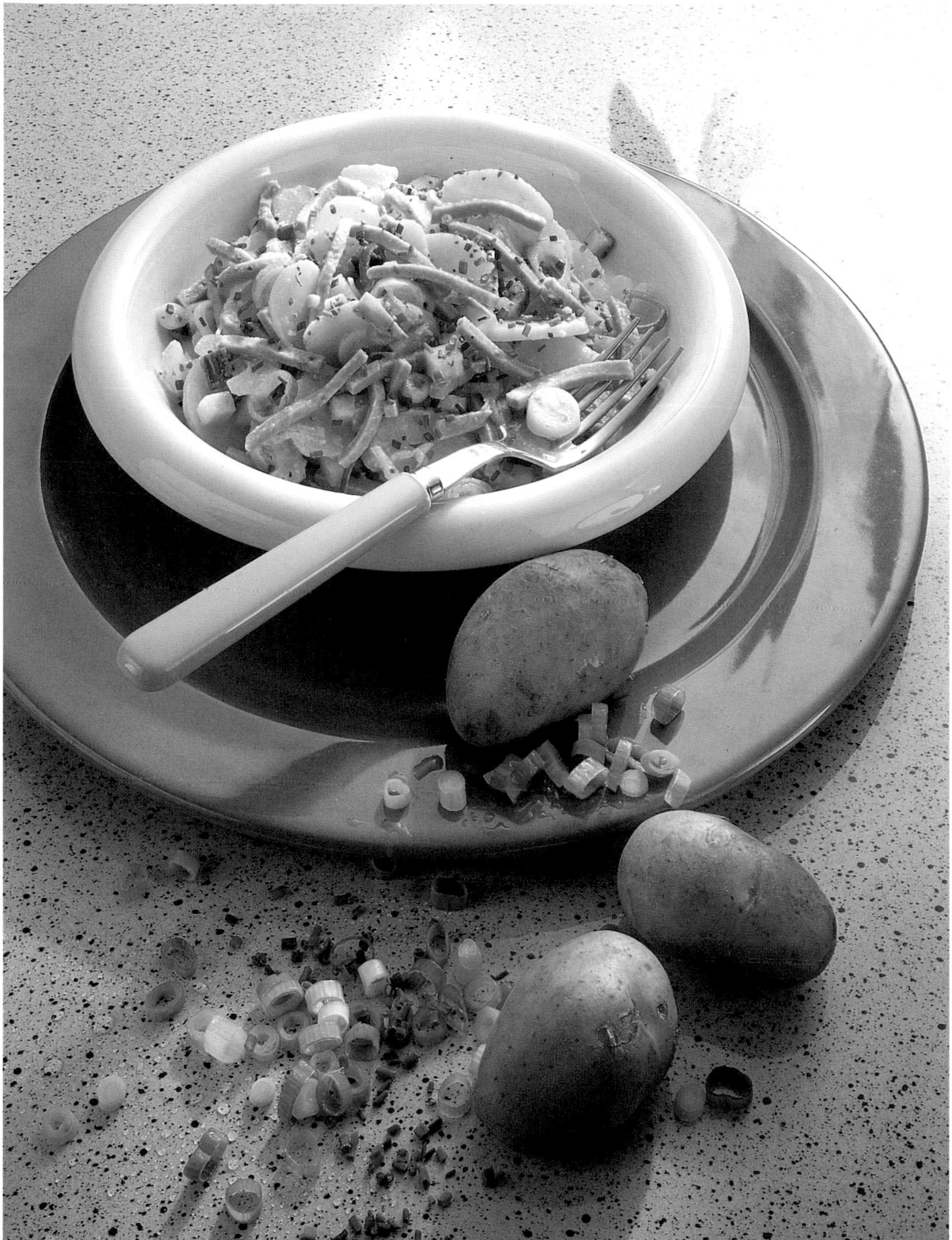

Wildreissalat mit Lachs

Zutaten für 4 Personen:
100 g Wildreis
Salz
100 g Champignons
2 Schalotten
300 g geräucherter Lachs
1 Eßl. Zitronensaft
1 Teel. Zucker
6 Eßl. Crème fraîche
1 Teel. mittelscharfer Senf
1 Messerspitze Paprikapulver
1 Bund Dill

Exklusiv

Pro Portion etwa:
1200 kJ/290 kcal
21 g Eiweiß · 13 g Fett
21 g Kohlenhydrate

• Zubereitungszeit: etwa 45 Minuten
• Marinierzeit: etwa 20 Minuten

1. Den Reis waschen, in 300 ccm kochendes Salzwasser schütten, etwa 5 Minuten sprudelnd, dann zugedeckt etwa 40 Minuten leicht kochen lassen.

2. Die Champignons putzen und blättrig schneiden. Die Schalotten würfeln. Den Lachs zu Röllchen formen.

3. Den Zitronensaft mit dem Zucker verrühren, die Crème fraîche, den Senf, etwas Salz und das Paprikapulver untermischen. Den Dill waschen und die Blättchen abzupfen.

4. Den Reis ausdämpfen, abkühlen lassen, mit den Scha-

lotten, den Champignons und der Sauce vermengen und zugedeckt 20 Minuten durchziehen lassen. Vor dem Servieren den Dill darüber streuen und den Salat zum Schluß mit den Lachsröllchen belegen.

Reissalat mit Hähnchen

Für Reissalate eignen sich alle Reissorten. Soll Ihr Salat aber möglichst viele Nährstoffe enthalten, dann verwenden Sie am besten Naturreis. Das ist ungeschälter Reis, bei dem die Randschichten und das Silberhäutchen erhalten geblieben sind. Für besondere Gelegenheiten empfehle ich Ihnen Wildreis.

Zutaten für 4 Personen:
400 g Hähnchenfilets
1/4 l Geflügelbouillon
120 g Langkornreis
Salz
2 Orangen
150 g Sahnejoghurt
2 Eßl. Crème double
3 Eßl. Zitronensaft
2 Eßl. helle Sojasauce
1 Teel. Currypulver
3 Eßl. Korinthen
2 nicht zu reife Bananen

Braucht etwas Zeit

Pro Portion etwa:
1400 kJ/330 kcal
28 g Eiweiß · 5 g Fett
48 g Kohlenhydrate

• Zubereitungszeit: etwa 40 Minuten (davon etwa 30 Minuten Marinierzeit)

1. Die Hähnchenfilets in der Geflügelbouillon zugedeckt 20 Minuten sacht kochen lassen.

2. Den Reis mit etwas Salz in 1/2 l kochendes Wasser schütten und bei mittlerer Hitze im offenen Topf 15 Minuten leicht kochen lassen.

3. Die Orangen wie einen Apfel schälen, die Spalten aus den Zwischenhäutchen schneiden und halbieren. Den abgetropften Saft mit dem Joghurt, der Crème double, dem Zitronensaft, der Sojasauce und dem Curry verrühren.

4. Die Korinthen heiß waschen und in den letzten 5 Minuten im Reis mitkochen lassen. Das Hähnchenfleisch würfeln.

5. Von der Geflügelbouillon 6 Eßlöffel unter die Currysauce mischen. Die Bananen schälen, in Scheiben schneiden, mit dem Reis, dem Hähnchenfleisch und den Orangenstücken unter die Sauce mischen und zugedeckt 30 Minuten durchziehen lassen.

Im Bild vorne: Reissalat mit Hähnchen
Im Bild hinten: Wildreissalat mit Lachs

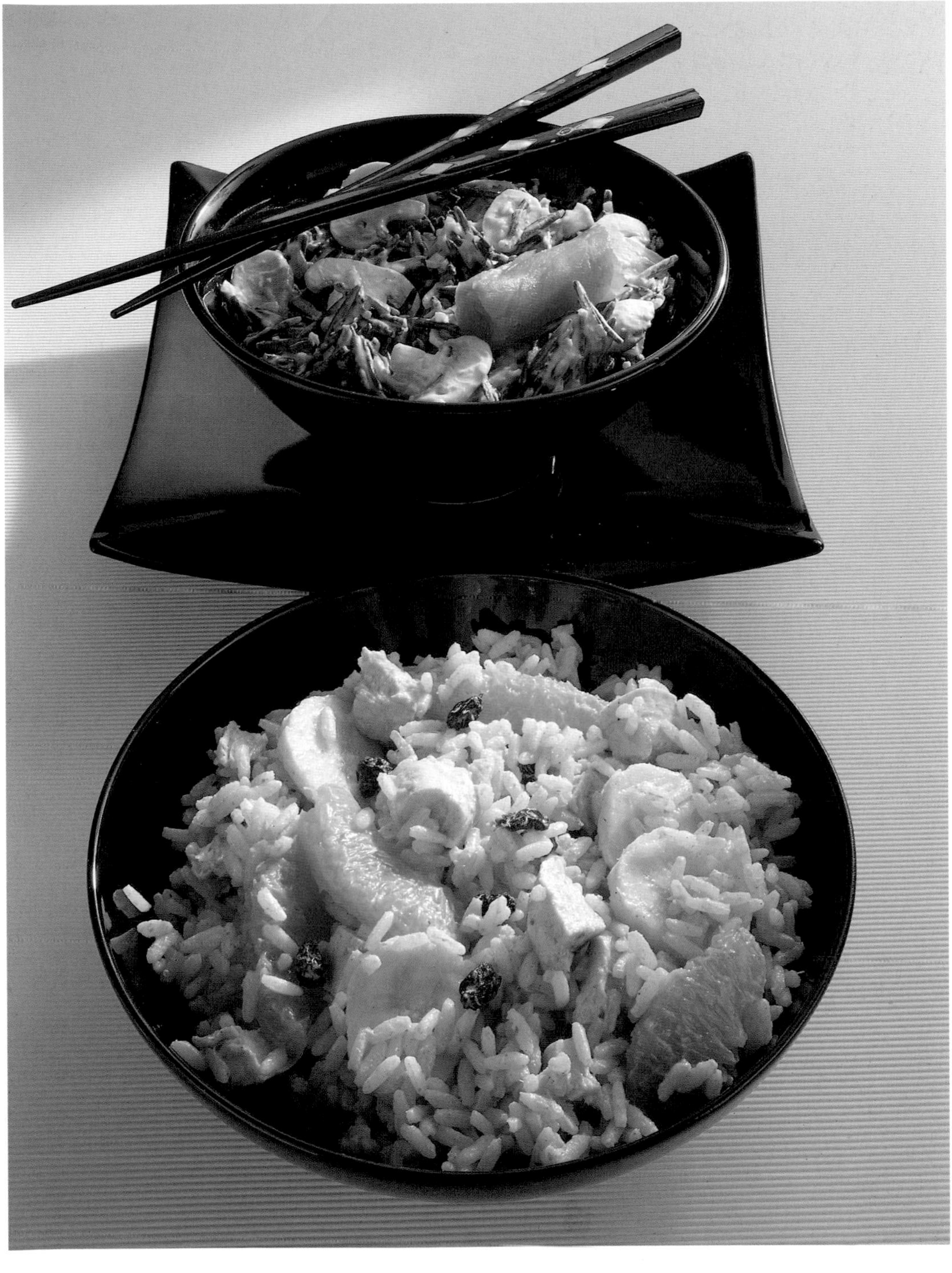

Geflügelsalat mit Sprossen

Hähnchenbrustfilets und Puten-schnitzel sind für Geflügelsalate ideal, weil man sie im jeweils gewünschten Gewicht kaufen kann. Von gegrilltem oder gebratenem Geflügel sollten Sie für Salate die Haut abtrennen. Fleisch von Hähnchen und Pute läßt sich gut mit vielerlei Gemü-se und mit nicht zu süßem Obst kombinieren.

Zutaten für 4 Personen:
30 g Mungobohnen
500 g Hähnchenfilets
2 Eßl. Kokosfett
Salz
1 Kopf Eissalat (etwa 300 g)
1/2 Honigmelone
200 g Kirschtomaten
1 reife Banane
1 Eßl. trockener Weißwein
2 Eßl. Zitronensaft
frisch gemahlener weißer Pfeffer
1 Teel. frischer feingehackter Ingwer
2 Teel. Ingwersirup
2 Eßl. Distelöl
8 Blätter Zitronenmelisse

Raffiniert

Pro Portion etwa:
1400 kJ/330 kcal
32 g Eiweiß · 14 g Fett
22 g Kohlenhydrate

- Zeit zum Keimen: etwa 4 Tage
- Zubereitungszeit: etwa 30 Minuten

1. Die Mungobohnen wie auf Seite 22 beschrieben zum Kei-men bringen. Das Hähnchen-fleisch im heißen Kokosfett von allen Seiten scharf anbraten, salzen, bei schwacher Hitze weitere 10 Minuten braten, dabei öfter wenden, dann abkühlen lassen.

2. Den Eissalat putzen, wa-schen und in 3 cm breite Strei-fen schneiden. Aus der Melo-nenhälfte mit einem Löffel die Kerne herausschaben und das Fruchtfleisch mit einem Kugel-ausstecher herauslösen. Die Tomaten waschen, abtrocknen und halbieren.

3. Die Banane schälen, mit einer Gabel zerdrücken und mit dem Wein, dem Zitronensaft, etwas Salz und Pfeffer, dem Ingwer, dem Sirup und dem Öl zu einer cremigen Masse verrühren. Die Melisseblätter waschen und vierteln. Die Sprossen abbrausen und abtropfen lassen.

4. Das Hähnchenfleisch in Scheiben schneiden und fächer-artig auf Portionstellern ausbrei-ten. Den Eissalat mit den Melo-nenkugeln, den Tomaten und den Sprossen mischen, neben dem Fleisch anrichten, mit der Salatsauce beträufeln und die Melisse darüber streuen.

Linsensalat mit Entenbrust

Für Salate können alle Linsensorten verwendet werden. Die kleinen roten, halbierten Linsen sind jedoch besonders fein im Geschmack und kommen zudem mit einer Garzeit von 15–20 Minuten aus. Obgleich große Linsen – wie die Tellerlinsen mit einem Durchmesser von 6 mm oder die Mittellinsen mit 4 mm Durchmesser – teurer sind als kleine, schmecken die kleinen viel intensiver, da ihr Schalenanteil – der wesentliche Geschmacksträger – größer ist.

Zutaten für 4 Personen:
250 g rote Linsen
2 kleine Zwiebeln
300 g Entenbrust
Salz
25 g Kokosfett
100 g Roquette
2 Kiwis
1–2 EßI. Zitronensaft
frisch gemahlener weißer Pfeffer
2 Teel. Ahornsirup
1 EßI. Walnußöl
2 EßI. Schnittlauchröllchen

Braucht etwas Zeit

Pro Portion etwa:
1200 kJ/500 kcal
29 g Eiweiß · 24 g Fett
41 g Kohlenhydrate

• Zubereitungszeit: etwa 35 Minuten

1. Die Linsen in stehendem Wasser waschen und alle Schmutzteilchen abschöpfen. Eine Zwiebel würfeln und beiseite stellen, die andere halbieren und mit den Linsen von gesalzenem Wasser bedeckt in 15 Minuten bei schwacher Hitze garen und abkühlen lassen.

2. Den Backofen auf 220° vorheizen. Die Entenbrust einkerben und salzen. Das Kokosfett in einem feuerfesten Gefäß erhitzen, die Entenbrust etwa 5 Minuten kräftig anbraten und dann im Backofen auf der untersten Schiene etwa 10 Minuten braten. Abkühlen lassen.

3. Den Roquette waschen, lange Stiele abknipsen und große Blätter klein reißen. Die Kiwis schälen, vierteln und in Scheiben schneiden. Den Zitronensaft mit etwas Salz und Pfeffer, dem Sirup und dem Öl verrühren und mit den Zwiebelwürfeln, den Kiwischeibchen und den Linsen vermengen.

4. Die Entenbrust in Scheiben und diese in nicht zu schmale Streifen schneiden. Das Fleisch unter den Linsensalat mischen. Eine Platte mit dem Roquette auslegen, den Linsensalat daraufgeben und mit den Schnittlauchröllchen bestreuen.

Feldsalat mit Schinken

Gekochter Schinken ohne Fettrand eignet sich ebenso für dieses Rezept wie feiner Lachsschinken. Wenn Sie kein Schweinefleisch mögen, können Sie den Salat aber auch mit gegartem Geflügelfleisch oder Rinderbraten kombinieren.

Zutaten für 4 Personen:

300 g enthülste Perlerbsen (frisch oder tiefgefroren)

Salz

frisch gemahlener schwarzer Pfeffer

400 g gekochter Schinken

6 Cornichons

100 g Feldsalat

2 Eßl. Himbeeressig

1 Messerspitze Rosenpaprikapulver

3 Eßl. Maiskeimöl

200 g Maiskörner aus der Dose

Gelingt leicht

Pro Portion etwa:
1400 kJ/330 kcal
36 g Eiweiß · 12 g Fett
19 g Kohlenhydrate

• Zubereitungszeit: etwa 30 Minuten

1. Die Erbsen mit etwas Salz und 4 Eßlöffeln Wasser zugedeckt etwa 4 Minuten dünsten, in einem Sieb abtropfen lassen und 1 Eßlöffel vom Sud auffangen.

2. Den Schinken in Streifen schneiden, die Cornichons in Scheibchen. Den Feldsalat waschen, trocknen und putzen.

3. Den Essig mit etwas Salz und Pfeffer, dem Paprikapulver, dem Erbsensud und dem Öl verrühren. Den Schinken, die Cornichons, die Erbsen, den Feldsalat und den Mais mit der Salatsauce mischen und den Salat anrichten.

Griechischer Bauernsalat

Griechischer Bauernsalat hat sich mittlerweile auch bei uns zu einem Standardsalat entwickelt. Es gibt ihn je nach Jahreszeit in zahlreichen Variationen.

Zutaten für 4 Personen:

4 Tomaten

1 kleine Salatgurke

1 grüne Paprikaschote

1 rote Zwiebel

1–2 Knoblauchzehen

3 Eßl. Rotwein

Salz

frisch gemahlener schwarzer Pfeffer

1/2 Teel. getrockneter Oregano

4 Eßl. kaltgepreßtes Olivenöl

150 g Schafkäse

50 g schwarze Oliven

Gelingt leicht

Pro Portion etwa:
1400 kJ/330 kcal
9 g Eiweiß · 30 g Fett
6 g Kohlenhydrate

• Zubereitungszeit: etwa 30 Minuten

1. Die Tomaten waschen, achteln und dabei die Stielansätze ausschneiden. Die Gurke waschen, schälen und in Scheiben schneiden.

2. Die Paprikaschote halbieren, vom Stielansatz, den Rippen und Kernen befreien, waschen und in Streifen schneiden. Die Zwiebel in Ringe schneiden, den Knoblauch klein würfeln.

3. Den Rotwein mit etwas Salz und Pfeffer, dem gerebelten Oregano und dem Öl verrühren. Alle vorbereiteten Salatzutaten mit der Sauce mischen und den Bauernsalat dann anrichten.

4. Den Schafkäse zerbröckeln und mit den Oliven über den Salat streuen.

Im Bild vorne: Griechischer Bauernsalat
Im Bild hinten: Feldsalat mit Schinken

Bohnensalat mit Matjesröllchen

Denken Sie bitte daran, daß Bohnen roh ungenießbar sind. Erst durch das Garen wird das in ihnen enthaltene Phasin unschädlich.

Zutaten für 4 Personen:
4 Matjesfilets zu je 100 g
1/8 l Milch
750 g junge Brechbohnen
1 Bund Bohnenkraut
2 kleine Zwiebeln
2 Eßl. Sherryessig
Salz
frisch gemahlener weißer Pfeffer
1 Prise Cayennepfeffer
4 Eßl. Walnußöl
1/2 Bund Petersilie und
3 Zweige Tripmadam oder
Zitronenmelisse

Für Gäste

Pro Portion etwa:
2100 kJ/500 kcal
22 g Eiweiß · 39 g Fett
15 g Kohlenhydrate

• Zeit zum Wässern:
etwa 2 Stunden
• Zubereitungszeit: etwa 40 Minuten

1. Die Matjesfilets 1 1/2 Stunden wässern und das Wasser während dieser Zeit mehrmals wechseln. Die Filets danach noch 30 Minuten in die Milch legen.

2. Die Bohnen waschen, die Stielenden abschneiden und große Bohnen halbieren. Mit dem Bohnenkraut und etwas Salz in kochendem Wasser zugedeckt 20 Minuten garen, abgießen und abkühlen lassen.

3. Die Zwiebeln klein würfeln. Den Essig mit etwas Salz und Pfeffer, dem Cayennepfeffer und dem Öl verrühren und mit den Zwiebeln und den Bohnen mischen.

4. Die Kräuter waschen, trocknen und hacken. Die Matjesfilets trockentupfen, längs halbieren, zu Röllchen formen und je zwei auf einem Teller anrichten. Den Bohnensalat daneben verteilen und mit den Kräutern bestreuen.

Eiersalat mit Brennesselspitzen

Zutaten für 4 Personen:
6 Eier
je 1 Handvoll zarte Brennesselspitzen und junge Sauerampferblätter
1 Bund Radieschen
200 g Zucchini
2 Scheiben Vollkorntoast
2 Eßl. Butter
1 Apfel
1–2 Eßl. Zitronensaft
1 Teel. mittelscharfer Senf
3 Eßl. Crème fraîche
5 Eßl. Joghurt
Salz

Vegetarisch

Pro Portion etwa:
890 kJ/210 kcal
9 g Eiweiß · 14 g Fett
14 g Kohlenhydrate

• Zubereitungszeit: etwa 40 Minuten

1. Die Eier bei mittlerer Hitze in etwa 10 Minuten hart kochen, kalt abschrecken, schälen und abkühlen lassen.

2. Die Kräuter waschen, trockenschleudern, von den Stielen zupfen und hacken. Die Radieschen waschen und in Scheiben schneiden.

3. Die Zucchini waschen, schälen, die Stielansätze und Enden abschneiden und die Zucchini würfeln.

4. Das Toastbrot entrinden, würfeln und in der Butter goldbraun braten.

5. Den Apfel waschen, schälen, raspeln und mit dem Zitronensaft, dem Senf, der Crème fraîche, dem Joghurt und etwas Salz verrühren.

6. Die Eier vierteln und mit den Kräutern, den Zucchini und den Radieschen unter die Sauce heben. Die Brotwürfel darübergeben.

Bild oben: Bohnensalat mit Matjesröllchen
Bild unten: Eiersalat mit Brennesselspitzen

Meeresfrüchte-
salat
mit Mango

Tiefgefrorenen Tintenfisch,
Garnelen, Shrimps und andere
Meeresfrüchte immer aus der
Verpackung nehmen und zuge-
deckt langsam im Kühlschrank
auftauen lassen.

Zutaten für 4 Personen:
100 g tiefgefrorene, aufgetaute Tintenfischringe
200 tiefgefrorene, aufgetaute und gegarte Shrimps
150 g geräucherte Schillerlocken
2 Kopfsalatherzen
1 vollreife Mango
Saft von 1 Limette
150 g Crème fraîche
1 Teel. geriebener Meerrettich
Salz
1–2 Teel. Zucker
1–2 Teel. rosa Pfefferkörner
3 Zweige Zitronenmelisse

Etwas teurer

Pro Portion etwa:
1400 kJ/330 kcal
23 g Eiweiß · 25 g Fett
6 g Kohlenhydrate

• Zubereitungszeit: etwa 30 Minuten

1. Die Tintenfischringe und die
Shrimps abbrausen und ab-
tropfen lassen. Die Schillerlocken
in etwa 3 cm breite Streifen
schneiden.

2. Die Salatherzen in Blätter
zerlegen, waschen, trockenschleudern, eine Platte damit
auslegen und die Meeresfrüchte
darauf verteilen.

3. Die Mango schälen, das
Fruchtfleisch pürieren, mit dem
Limettensaft, der Crème fraîche,
dem Meerrettich, etwas Salz
und dem Zucker verrühren und
über die Meeresfrüchte träufeln.
Den rosa Pfeffer darauf streuen
und den Salat mit den Melisse-
blättern garnieren.

Spinatsalat
mit
Forellenfilet

Für die Zubereitung feiner
Salate eignet sich junger
Frühlingsspinat am besten,
zu dem ein Hauch Knoblauch
ausgezeichnet paßt.

Zutaten für 4 Personen:
250 g junger Blattspinat
150 g kleine Champignons
1 Bund Kerbel
100 g Crème double
100 g Magermilchjoghurt
1 Eßl. Zitronensaft
Salz
frisch gemahlener weißer Pfeffer
1 kleine Knoblauchzehe
4 geräucherte Forellenfilets

Raffiniert

Pro Portion etwa:
1000 kJ/240 kcal
24 g Eiweiß · 14 g Fett
5 g Kohlenhydrate

• Zubereitungszeit: etwa 40 Minuten

1. Den Spinat waschen, abtropfen lassen und die groben Stiele
abknipsen.

2. Die Champignons waschen,
trockentupfen und vierteln. Den
Kerbel waschen, trocken-
schleudern und die groben
Stiele entfernen.

3. Den Kerbel mit der Crème
double, dem Joghurt und dem
Zitronensaft im Mixer oder mit
Pürierstab pürieren, mit etwas
Salz und Pfeffer abschmecken,
den Knoblauch in die Sauce
pressen und unterrühren.

4. Die Forellenfilets in ungefähr
daumenbreite Streifen schneiden. Den Spinat mit den Champignons und der Sauce mischen
und die Forellenstreifen darauf
anrichten.

*Im Bild vorne: Meeresfrüchtesalat
mit Mango
Im Bild hinten: Spinatsalat mit
Forellenfilet*

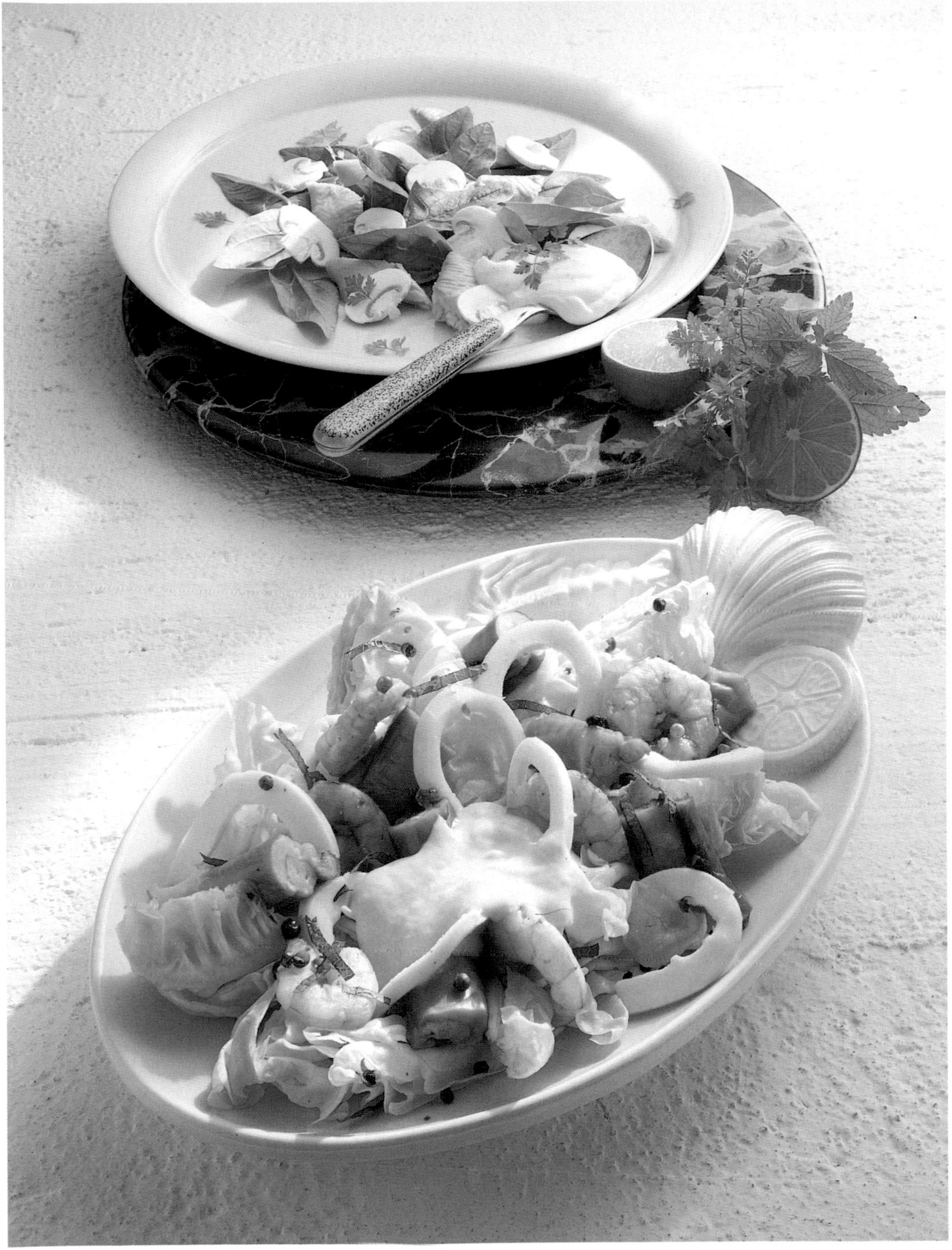

Nudelsalat mit Pesto

Pesto, die würzige italienische Kräutersauce, wird gewöhnlich zu heiß servierten Nudeln gegessen. Sie schmeckt jedoch auch vorzüglich zu Salat. Pesto können Sie in einem verschlossenen Glas eine Woche im Kühlschrank aufbewahren. Hauptbestandteil des Rezeptes ist Basilikum, daher sollten Sie es möglichst frisch und nicht getrocknet verwenden.

Zutaten für 4 Personen:
3 Bund Basilikum
1/2 Bund Petersilie
3 Knoblauchzehen
2 Eßl. Pinienkerne
je 50 g frisch geriebener Parmesan und Pecorino (italienischer Schafkäse)
100 ccm kaltgepreßtes Olivenöl
Salz
frisch gemahlener schwarzer Pfeffer
2 1/2 l Gemüsebrühe aus Würfeln
1 Teel. Pflanzenöl
250 g Bandnudeln
300 g Zucchini
100 g Brunnenkresse
200 g Thunfisch aus der Dose ohne Öl

Braucht etwas Zeit

Pro Portion etwa:
3600 kJ/860 kcal
36 Eiweiß · 53 g Fett
5 g Kohlenhydrate

• Zubereitungszeit: etwa 2 Stunden (davon etwa 1 Stunde Zeit zum Durchziehen)

1. Die Kräuter waschen, trockenschleudern und die Blättchen von den Stielen zupfen.

2. Die Knoblauchzehen schälen und in kleine Würfel schneiden.

3. Die Pinienkerne in einer Pfanne ohne Fett unter ständigem Wenden bei mittlerer Hitze rösten, bis sie leicht Farbe annehmen und angenehm zu duften beginnen.

4. Die Kräuter mit dem Knoblauch und den Pinienkernen im Mörser zerreiben. Das Püree in eine Schüssel geben und nach und nach mit dem Käse, dem Olivenöl, etwas Salz und Pfeffer verrühren. Den Pesto zugedeckt für etwa 1 Stunde in den Kühlschrank stellen.

5. Die Gemüsebrühe mit dem Pflanzenöl in einem großen Topf zum Kochen bringen, die Nudeln hineinschütten, einmal umrühren und etwa 8 Minuten kochen lassen. Nach etwa 6 Minuten prüfen, ob die Nudeln schon gar sind, sie dürfen nicht zerkochen, sondern sollen noch »Biß« haben, »al dente« sein, wie man in Italien sagt.

6. Die Zucchini waschen, die Stielansätze und Enden entfernen. Das Gemüse in kleine Würfel schneiden. Die Brunnenkresse waschen, trockenschleudern und die Blättchen von den Stielen zupfen.

7. Die Nudeln in einem Sieb abtropfen lassen; dabei 3 Eßlöffel vom Kochsud auffangen und unter den Pesto mischen. Den Thunfisch in kleine Stücke zerteilen.

8. Die Nudeln mit den Zucchini, der Brunnenkresse, dem Thunfisch und dem Pesto mischen und den Salat zugedeckt bis zum Servieren durchziehen lassen.

Varianten

Pesto schmeckt auch gut zu anderen Nudelsalaten. Hier einige Anregungen:

250 g Spaghetti in kleinere Stücke brechen und in Gemüsebrühe mit etwas Öl »al dente« kochen. 500 g Tomaten waschen, achteln und die Stielansätze ausschneiden. 1 grüne Paprikaschote waschen, putzen und in Streifen schneiden. 50–100 g in Scheiben geschnittene Salami und 50 g Oliven mit den Tomaten, den Schotenstreifen und den Spaghetti mischen. Zuletzt den Salat mit dem Pesto anmachen.

250 g Farfalle oder Krawättli-Nudeln in Gemüsebrühe mit etwas Öl »al dente« kochen. 300 g enthülste Perlerbsen in 3 Eßlöffeln mildem Salzwasser zugedeckt etwa 3 Minuten dünsten, in ein Sieb schütten und abkühlen lassen. 1 große Zwiebel würfeln und mit den Erbsen, 100 g gewürfeltem, gekochtem Schinken und 4 gewürfelten Cornichons unter die Nudeln mischen. Zuletzt mit dem Pesto vermengen.

250 g Penne in Gemüsebrühe mit etwas Öl »al dente« kochen. 250 g Lauchzwiebeln putzen, waschen und in Größe der Penne zurechtschneiden, dicke Stangen längs halbieren. 1 Avocado dünn schälen, halbieren, den Stein entfernen und die Hälften würfeln. Alle Salatzutaten mit 200 g Maiskörnern aus der Dose mischen und mit dem Pesto anmachen.

Blumenkohlsalat mit Käse

Blumenkohl hat von Juni bis November Saison, wird jedoch fast ganzjährig als Import- oder Treibhausware angeboten. Für Salate sollte man jedoch nur Freilandgewächse verwenden, da sie intensiver schmecken.

Zutaten für 4 Personen:
600 g festkochende Salatkartoffeln
400 g Knollensellerie
Salz
600 g Blumenkohl
100 g mittelalter Goudakäse
4 Eßl. Mascarpone (italienischer Frischkäse)
4 Eßl. Magerjoghurt
1–2 Eßl. milder Senf
1 Eßl. Zitronensaft
frisch gemahlener weißer Pfeffer
4 Eßl. Kerbelblättchen

Vegetarisch

Pro Portion etwa:
1300 kJ/310 kcal
17 g Eiweiß · 13 g Fett
31 g Kohlenhydrate

- Zubereitungszeit: etwa 40 Minuten (davon etwa 30 Minuten Marinierzeit)

1. Die Kartoffeln und den Sellerie unter fließendem Wasser bürsten. Die Kartoffeln von Wasser bedeckt in etwa 25 Minuten garen. Den Sellerie schälen, würfeln und von Salzwasser bedeckt 20 Minuten kochen lassen.

2. Die Blumenkohlröschen waschen und über Wasserdampf im Siebeinsatz zugedeckt etwa 10 Minuten dämpfen. Das gare Gemüse abgießen. Die Kartoffeln schälen und würfeln.

3. Den Käse in Streifen schneiden und mit dem abgekühlten Gemüse vermengen.

4. Den Mascarpone mit dem Joghurt, dem Senf, dem Zitronensaft, etwas Salz und Pfeffer verrühren und unter den Salat heben. Zugedeckt 30 Minuten durchziehen lassen und vor dem Servieren mit dem Kerbel bestreuen.

Gemüsesalat mit Sardinen

Zutaten für 4 Personen:
400 g grüne Bohnen
200 g junge Möhren
200 g enthülste Erbsen
200 g Zucchini
400 g kleine Tomaten
16 schwarze Oliven
200 g in Öl eingelegte Sardinen
4 Sardellenfilets
4 Eßl. Mayonnaise (50% Fett)
1–2 Teel. Aceto balsamico
6 Eßl. Joghurt
Salz
frisch gemahlener schwarzer Pfeffer
2 Messerspitzen Rosenpaprikapulver
2 Eßl. Schnittlauchröllchen

Gelingt leicht

Pro Portion etwa:
1400 kJ/330 kcal
20 g Eiweiß · 20 g Fett
20 g Kohlenhydrate

- Zubereitungszeit: etwa 40 Minuten

1. Das Gemüse waschen. Die Bohnen halbieren und in wenig Salzwasser etwa 18 Minuten zugedeckt kochen. Die Möhren schälen, würfeln und in 100 ccm Salzwasser mit den Erbsen zugedeckt etwa 5 Minuten dünsten.

2. Die Zucchini schälen und würfeln. Die Tomaten vierteln und die Stielansätze ausschneiden. Das Gemüse abgießen, abkühlen lassen und mit den Zucchini, den Tomaten und den Oliven mischen.

3. Die Sardinen auf vier Tellern anrichten. Die Sardellenfilets kleinschneiden und mit der Mayonnaise, dem Essig, dem Joghurt, etwas Salz und Pfeffer und dem Paprikapulver verrühren. Unter den Salat heben. Den Salat portionsweise neben den Sardinen anrichten und mit dem Schnittlauch bestreuen.

Im Bild vorne: Gemüsesalat mit Sardinen
Im Bild hinten: Blumenkohlsalat mit Käse

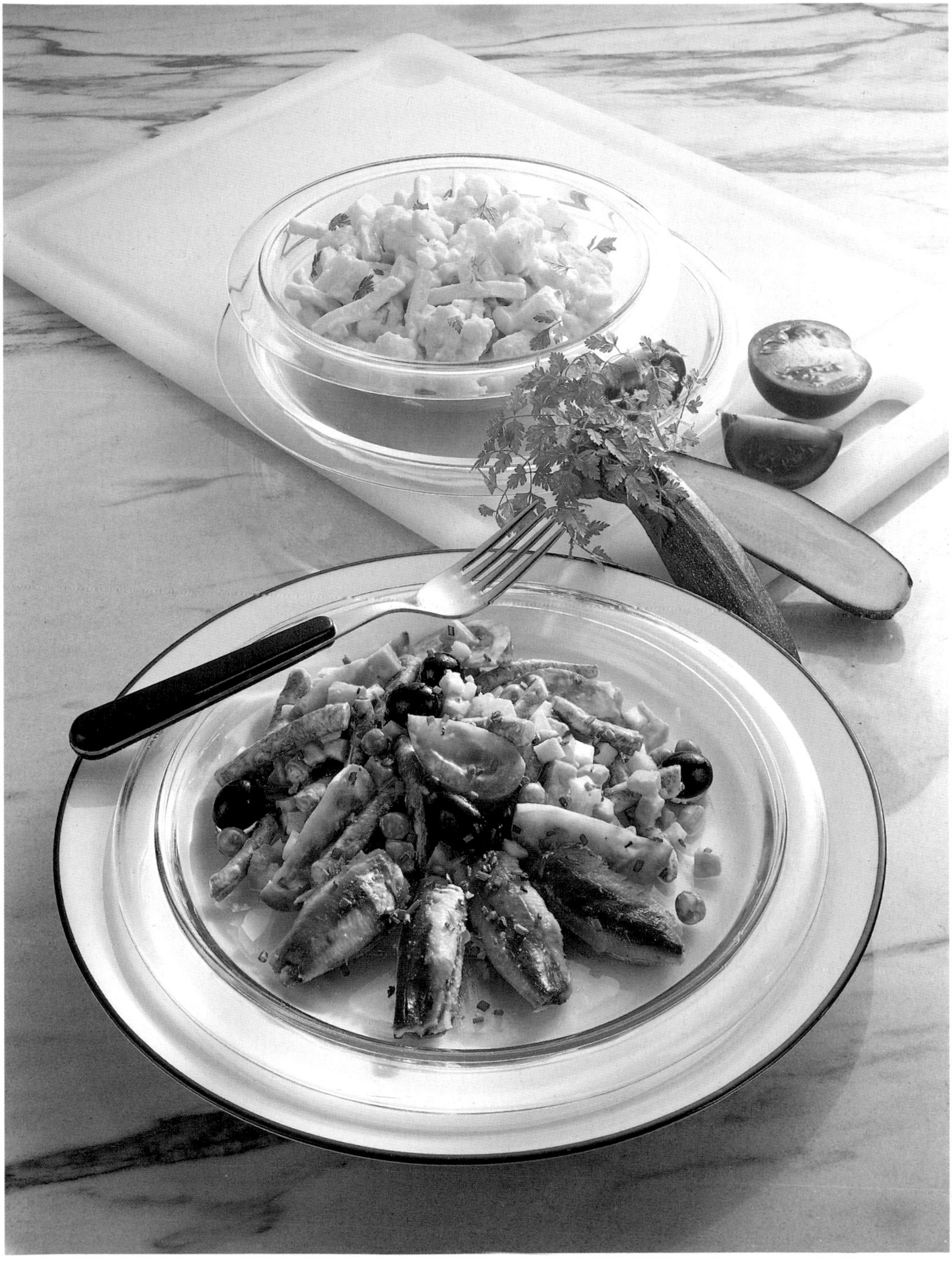

Salat mit Himbeeren und Kiwis

Gemischte Obstsalate schmekken dann besonders aromatisch, wenn der überwiegende Anteil der Zutaten aus heimischen, vollreifen Früchten besteht. Wenn Sie zusätzlich noch exotisches Obst verwenden, rundet es den Geschmack raffiniert ab und läßt den Salat zudem reizvoller aussehen.

Zutaten für 4 Personen:
4 Eßl. geschälte Sonnenblumenkerne
500 g Himbeeren
2 große Pfirsiche
3 Kiwis
1 Banane
1 Eßl. Zitronensaft
2 Eßl. flüssiger Honig
150 g Sahnejoghurt
1 Messerspitze Zimtpulver
8 Blätter Zitronenmelisse

Für Gäste

Pro Portion etwa:
1800 kJ/430 kcal
11 g Eiweiß · 8 g Fett
81 g Kohlenhydrate

• Zubereitungszeit: etwa 30 Minuten

1. Die Sonnenblumenkerne in einer Pfanne ohne Fett unter ständigem Wenden rösten, bis sie leicht gebräunt sind. Dann abkühlen lassen.

2. Die Himbeeren in stehendem Wasser rasch schwenken und auf Küchenkrepp abtropfen lassen.

3. Die Pfirsiche mit einer Gabel rundherum einstechen, mit kochendheißem Wasser überbrühen, kalt abschrecken, häuten und halbieren. Die Steine entfernen und die Früchte in Spalten schneiden.

4. Die Kiwis schälen, vierteln und in Scheiben schneiden. Die Banane schälen, längs halbieren, ebenfalls in Scheiben schneiden und mit dem Zitronensaft beträufeln.

5. Den Honig mit dem Joghurt und dem Zimt verrühren. Die Masse dann unter die vorbereiteten Früchte heben und mit den geschälten Sonnenblumenkernen bestreuen.

6. Die Melisseblätter waschen, trockentupfen, streifig schneiden und auf dem fertigen Salat verteilen.

Melonensalat

Wenn Sie Honigmelonen kaufen, sollten Sie darauf achten, nur solche Früchte auszuwählen, die am unteren Ende einen intensiven Duft verströmen. Daran erkennen Sie, ob die Melonen wirklich ausgereift und aromatisch sind.

Zutaten für 4 Personen:
1 Honigmelone
400 g Wassermelone
2 Eßl. Apfeldicksaft
2 Eßl. Zitronensaft
3 Eßl. Pfefferminzlikör
4 Zweigspitzen von Pfefferminze

Schnell

Pro Portion etwa:
480 kJ/110 kcal
2 g Eiweiß · 1 g Fett
26 g Kohlenhydrate

• Zubereitungszeit: etwa 25 Minuten

1. Die Honigmelone halbieren, von beiden Melonensorten die Kerne entfernen und das Fruchtfleisch mit einem Kugelausstecher oder mit einem kleinen Löffel auslösen.

2. Den Apfeldicksaft mit dem Zitronensaft und dem Likör verrühren und mit den Melonenkugeln mischen.

3. Den Salat in vier Portionsschalen anrichten. Die Pfefferminze abbrausen, trockentupfen und den fertigen Salat damit garnieren.

Tip !

Falls Kinder an der Mahlzeit teilnehmen, sollten Sie deren Portionen nicht mit Likör anreichern. Statt dessen können Sie den Anteil an Apfeldicksaft und Zitronensaft erhöhen.

Im Bild vorne: Salat mit Himbeeren und Kiwis
Im Bild hinten: Melonensalat

Ananassalat mit Erdbeeren

Baby-Ananas sind eine neue Züchtung, jedoch nicht mehr unbekannt auf unserem Markt. Die Früchte werden nur etwa faustgroß und sind reif besonders süß und saftig.

Zutaten für 4 Personen:
2 Baby-Ananas
500 g möglichst kleine Erdbeeren
3 EßI. frisch gepreßter Orangensaft
1 EßI. Zuckerrohrgranulat
4 EßI. Mascarpone (italienischer Frischkäse)
2 EßI. junge Sauerampferblätter
50 g geschälte Pistazien

Raffiniert

Pro Portion etwa:
720 kJ/170 kcal
5 g Eiweiß · 11 g Fett
13 g Kohlenhydrate

• Zubereitungszeit: etwa 40 Minuten

1. Von den Ananas die Blattkronen abschneiden, die Früchte wie einen Apfel schälen und die Fruchtaugen durch schräge Einschnitte entfernen. Die Ananas längs vierteln, den harten Strunk in der Mitte herausschneiden, die Viertel in gleichmäßig dicke Scheiben schneiden und auf vier Tellern anrichten.

2. Die Erdbeeren waschen, abtropfen lassen, entkelchen und größere Beeren halbieren.

3. Den Orangensaft mit dem Zuckerrohrgranulat verrühren, bis sich dieses ganz aufgelöst hat. Den Mascarpone unterrühren, die Erdbeeren mit der Sauce mischen und auf den Ananasscheiben verteilen.

4. Den Sauerampfer waschen, trocknen, etwas kleinschneiden und mit den Pistazien auf die Salatportionen streuen.

Kirschsalat mit Weinsauce

Wenn Sie diesen Salat als Dessert servieren möchten, können Sie das Rezept auch in sechs Portionen teilen. Bei vier Portionen ergibt der Salat mit einer feinen Gemüsesuppe davor eine leichte sommerliche Mahlzeit.

Zutaten für 4 Personen:
500 g schwarze Kirschen
300 g reife Stachelbeeren
2 Eier
Salz
200 g Mascarpone (italienischer Frischkäse)
4 EßI. Puderzucker
6 EßI. trockener Rotwein
8 Blätter Pfefferminze

Für Gäste

Pro Portion etwa:
1500 kJ/360 kcal
9 g Eiweiß · 18 g Fett
34 g Kohlenhydrate

• Zubereitungszeit: etwa 30 Minuten

1. Die Kirschen und die Stachelbeeren waschen und trockentupfen. Die Kirschen entsteinen, die Beeren von Stielen und Blütenansätzen befreien.

2. Die Eier in Eigelbe und Eiweiße trennen und das Eiweiß mit etwas Salz zu steifem Schnee schlagen.

3. Den Mascarpone mit dem Puderzucker, den Eigelben und dem Rotwein verrühren und den Eischnee unterheben. Das Obst in einer Schüssel mischen und die Sauce darüber füllen.

4. Die Pfefferminzblätter waschen, trockentupfen, in Streifen schneiden und auf den Salat streuen.

Tip !

Der Salat schmeckt nur mit wirklich reifen Stachelbeeren. Sollten Sie keine bekommen, ersetzen Sie die Stachelbeeren durch weiße Johannisbeeren oder mischen Sie die Kirschen mit Spalten von Aprikosen.

Bild oben : Ananassalat mit Erdbeeren
Bild unten: Kirschsalat mit Weinsauce

Feigensalat mit Portweincreme

Frische Feigen werden etwa ab September auf dem Markt angeboten.

Zutaten für 4 Personen:
400 g frische Feigen
4 Kiwis
1 unbehandelte Zitrone
2 EßI. flüssiger Honig
150 g Sahne
1 große Banane
2 EßI. Puderzucker
knapp 1/8 l Portwein

Gelingt leicht

Pro Portion etwa:
850 kJ/200 kcal
2 g Eiweiß · 2 g Fett
36 g Kohlenhydrate

- Zubereitungszeit: etwa 30 Minuten

1. Die Feigen warm waschen und vorsichtig trockenreiben, ohne die Haut zu beschädigen. In dünne Scheiben schneiden. Die Kiwis schälen, ebenfalls in Scheiben schneiden und die Obstscheiben fächerartig auf einer Platte anrichten.

2. Die Zitrone warm waschen, abtrocknen, etwa ein Viertel der Schale dünn abschneiden und diese in feine Streifen, sogenannte Julienne, schneiden. Den Saft der Zitrone auspressen, mit dem Honig unter Umrühren langsam erhitzen, bis sich Saft und Honig gut gemischt haben. Danach über das Obst gießen.

3. Die Sahne halbsteif schlagen. Die Banane schälen, mit dem Puderzucker zerdrücken und mit dem Portwein vorsichtig unter die Sahne heben. Die Portweincreme über die Obstscheiben gießen und die Zitronenstreifen darauf verteilen.

Festliches Tuttifrutti

Geschmacklich erinnert die Kapstachelbeere ein wenig an unsere Stachelbeere, sie ist jedoch süßer und zarter im Aroma.

Zutaten für 8 Personen:
1 kg Ananas
4 Kiwis
2 Bananen
2 säuerliche Äpfel
2 Blutorangen
1 reife Papaya
200 g Kapstachelbeeren
2 EßI. eingelegter Ingwer
4 EßI. Zitronensaft
4 EßI. flüssiger Honig
3 EßI. Ingwersirup
12 Blätter Zitronenmelisse

Raffiniert

Pro Portion etwa:
1200 kJ/290 kcal
4 g Eiweiß · 1 g Fett
65 g Kohlenhydrate

- Zubereitungszeit: etwa 1 Stunde (davon etwa 30 Minuten Marinierzeit)

1. Die Ananas schälen, längs vierteln, den harten Mittelstrunk herausschneiden. Die Viertel in Scheiben und diese in Spalten schneiden. Die Kiwis schälen, halbieren und in Scheiben schneiden.

2. Die Bananen und die Äpfel schälen, die Äpfel vom Kerngehäuse befreien und beide Fruchtsorten in Scheiben schneiden. Die Orangen wie die Äpfel schälen, die Spalten filetieren und halbieren.

3. Die Papaya schälen, halbieren, die schwarzen Kerne herauslösen und die Fruchthälften in Scheiben schneiden. Das gesamte vorbereitete Obst vorsichtig mischen.

4. Die Kapstachelbeeren aus den Hüllblättern lösen, waschen und abtrocknen. Den Ingwer klein würfeln.

5. Den Zitronensaft mit dem Honig unter Umrühren erhitzen, bis sich Saft und Honig gut miteinander verbunden haben. Den Ingwersirup und den gewürfelten Ingwer unterrühren, die Sauce unter den Salat heben und diesen zugedeckt 30 Minuten durchziehen lassen.

6. Die Zitronenmelisse waschen, trockentupfen und mit den Kapstachelbeeren über den Salat streuen.

Im Bild vorne: Feigensalat mit Portweincreme
Im Bild hinten: Festliches Tuttifrutti

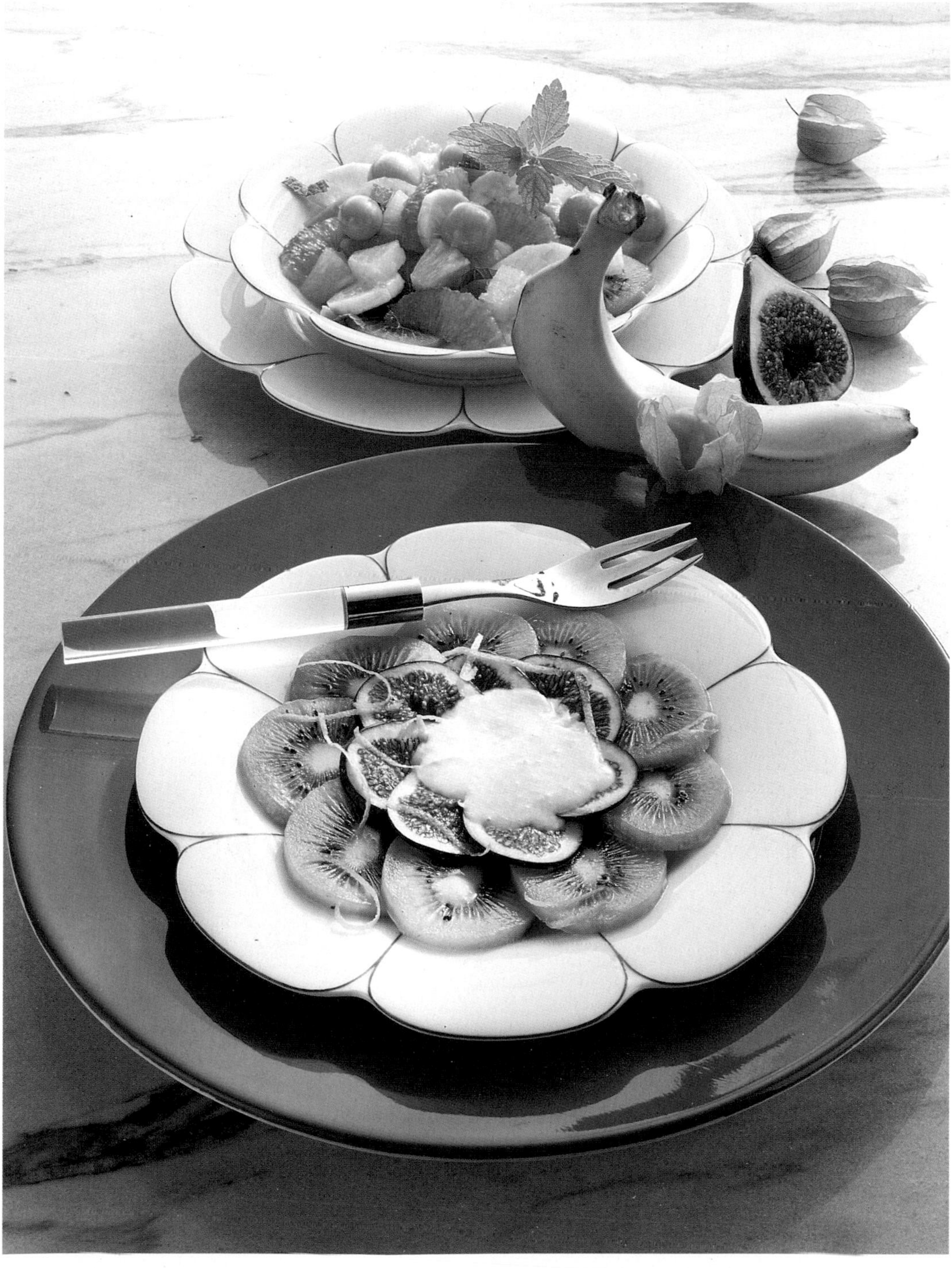

Kräuter-Joghurt-Sahne

Zutaten für 4 Personen:
je ca. 2 Eßlöffel Basilikum, Dill, Kerbel, Rosmarin, Schnittlauch, Thymian
1 Zwiebel
1–2 Knoblauchzehen
100 g Magerjoghurt
100 g Sahne
Salz
weißer Pfeffer

Pro Portion etwa:
550 kJ/130 kcal
4 g Eiweiß · 9 g Fett
9 g Kohlenhydrate

• Zubereitungszeit: etwa 10 Minuten

1. Die Kräuter waschen, trockenschwenken, wiegen oder hacken. Die Zwiebel würfeln, den Knoblauch darüber pressen.

2. Die Kräuter, den Joghurt und die Sahne mit dem Zwiebelgemisch verrühren und die Sauce mit etwas Salz und Pfeffer abschmecken.

Zitronen-Sahne-Sauce

Zutaten für 4 Personen:
1 große Zitrone
Salz
frisch gemahlener weißer Pfeffer
150 g Sahne

Pro Portion etwa:
510 kJ/120 kcal
1 g Eiweiß · 12 g Fett
2 g Kohlenhydrate

• Zubereitungszeit: etwa 10 Minuten

1. Den Zitronensaft mit etwas Salz und Pfeffer verrühren.

2. Die Sahne in dünnem Faden unter ständigem Schlagen mit dem Schneebesen oder Handrührgerät darunter mischen und die Sauce so lange weiterschlagen, bis sie cremig ist.

Mayonnaise

Zutaten für 4 Personen:
2 Eier
Salz
weißer Pfeffer
1 Eßl. Weißweinessig
10 Eßl. Olivenöl

Pro Portion etwa:
2300 kJ/550 kcal
2 g Eiweiß · 60 g Fett
1 g Kohlenhydrate

• Zubereitungszeit: etwa 20 Minuten

1. Die Eier trennen, die Eigelbe mit etwas Salz, Pfeffer und dem Essig glattrühren.

2. Das Öl tropfenweise, später in dünnem Faden unter ständigem Schlagen mit dem Schneebesen oder Handrührgerät zugeben.

Sauce Vinaigrette

Zutaten für 4 Personen:
4 Zweige Estragon
je 1/2–1 Bund Kerbel, Schnittlauch, Petersilie
2 Schalotten
Salz
schwarzer Pfeffer
2 Eßl. Essig
5 Eßl. Olivenöl

Pro Portion etwa:
1300 kJ/310 kcal
2 g Eiweiß · 30 g Fett
5 g Kohlenhydrate

• Zubereitungszeit: etwa 15 Minuten

1. Die Kräuter waschen, trockenschwenken, wiegen oder hacken. Die Schalotten würfeln.

2. Etwas Salz und Pfeffer in dem Essig auflösen. Das Öl darunterschlagen und die Kräuter mit den Schalotten zugeben.

Von oben nach unten: Sauce Vinaigrette, Kräuter-Joghurt-Sahne, Mayonnaise, Zitronen-Sahne-Sauce

Dijon-Senfsauce

Zutaten für 4 Personen:
7–10 helle Senfkörner
2–4 weiße Pfefferkörner
1 Eßl. Dijon-Senf
1 Teel. Weißweinessig
1/2 Teel. Zucker
150 g Crème fraîche
Salz
1 Eigelb

Pro Portion etwa:
650 kJ/150 kcal
1 g Eiweiß · 16 g Fett
2 g Kohlenhydrate

● Zubereitungszeit: etwa 15 Minuten

1. Die Senfkörner und die Pfefferkörner zerreiben. Den Senf mit dem Essig und dem Zucker darunter mischen.

2. Die Crème fraîche mit etwas Salz und dem Eigelb cremig schlagen und in die Senfmischung rühren.

Roquefortsauce

Zutaten für 4 Personen:
50 g Roquefort
4 Eßl. Sahne
50 g Magerjoghurt
1 Eßl. Weißweinessig
2 Eßl. trockener Weißwein
2 Eßl. entfettete Geflügelbouillon

Pro Portion etwa:
510 kJ/120 kcal
3 g Eiweiß · 10 g Fett
2 g Kohlenhydrate

● Zubereitungszeit: etwa 15 Minuten

1. Den Käse mit der Sahne geschmeidig rühren. Den Joghurt mit dem Essig und dem Weißwein mischen.

2. Beide Massen cremig rühren und eventuell mit der Geflügelbouillon verdünnen.

French Dressing

Zutaten für 4 Personen:
3 Eßl. Zitronensaft
Salz
frisch gemahlener weißer Pfeffer
2 Messerspitzen Senfpulver
1/2 Teel. Zucker
5 Eßl. Walnußöl der ersten Pressung
3 Eßl. Schnittlauchröllchen

Pro Portion etwa:
1200 kJ/290 kcal
1 g Eiweiß · 30 g Fett
3 g Kohlenhydrate

● Zubereitungszeit: etwa 10 Minuten

1. Den Zitronensaft mit etwas Salz, Pfeffer, dem Senfpulver und dem Zucker verrühren.

2. Das Öl zugeben und den Schnittlauch darüber streuen.

Thousand Islands Dressing

Zutaten für 4 Personen:
1 kleine Gewürzgurke oder
3–4 Cornichons
1/2 Schalotte
1/4 rote Paprikaschote
2 hartgekochte Eigelb
50 g Salatmayonnaise
je 3 Eßl. Sahne und
Tomatenketchup
Salz
1 Prise Chilipulver

Pro Portion etwa:
630 kJ/150 kcal
3 g Eiweiß · 13 g Fett
6 g Kohlenhydrate

● Zubereitungszeit: etwa 10 Minuten

1. Die Gurke fein hacken, die Schalotte raspeln. Die Paprikaschote im Backofen erhitzen, bis die Haut aufplatzt und abgezogen werden kann. Die Schote fein hacken.

2. Die Eigelbe mit der Mayonnaise, der Sahne und dem Tomatenketchup, Salz, dem Chilipulver, der Schalotte, den Gurkenwürfeln und der Schote mischen.

Italian Dressing

Zutaten für 4 Personen:
2 kleine Schalotten
2 Eßl. Basilikumblätter
3 Eßl. trockener Weißwein
1 Eßl. Weißweinessig
Salz
schwarzer Pfeffer
5 Eßl. Olivenöl

Pro Portion etwa:
1200 kJ/290 kcal
1 g Eiweiß · 30 g Fett
2 g Kohlenhydrate

● Zubereitungszeit: etwa 10 Minuten

1. Die Schalotten raspeln, das Basilikum hacken.

2. Den Weißwein und den Essig mit etwas Salz und Pfeffer verrühren. Die Schalotten und das Basilikum untermischen. Das Öl darunterschlagen und mit Salz und Pfeffer abschmecken.

Von oben nach unten: Dijon-Senfsauce, French Dressing (links), Thousand Islands Dressing (rechts), Italian Dressing, Roquefortsauce

Zum Gebrauch

Damit Sie Rezepte mit bestimmten Zutaten noch schneller finden können, stehen in diesem Register zusätzlich auch beliebte Zutaten wie Käse oder Schinken – ebenfalls alphabetisch geordnet und halbfett gedruckt – über den entsprechenden Rezepten.

IMPRESSUM

Auf der Umschlag-Vorderseite sehen Sie einen Griechischen Bauernsalat (Rezept Seite 42).

Redaktion: Martina Reigl
Layout: Ludwig Kaiser
Typographie: Robert Gigler
Herstellung: Ulrike Laqua
Fotos: Odette Teubner, Kerstin Mosny
Umschlaggestaltung: Heinz Kraxenberger
Satz: Letteria GmbH, München
Druck: Appl, Wemding
Reproduktionen: SKU, München
Bindung: Sellier, Freising
ISBN 3-7742-5905-4

Auflage   10. 9. 8.
Jahr   1998 97 96

Annette Wolter

gehört zu den führenden Kochbuch-Autoren im deutschen Sprachraum. Seit zwei Jahzehnten sind Kochen und Haushalt ihr Ressort. Annette Wolter begann als Mitarbeiterin großer Frauenzeitschriften. Heute ist sie anerkannte Expertin im Bereich Küche und Keller, Autorin erfolgreicher Kochbücher und mehrfache Preisträgerin der "Gastronomischen Akademie Deutschlands". Für diesen Küchen-Ratgeber hat sie besonders reizvolle Salatideen zusammengestellt.

Odette Teubner

wurde durch ihren Vater, den international bekannten Food-Fotografen Christian Teubner ausgebildet. Heute arbeitet sie ausschließlich im Studio für Lebensmittelfotografie Teubner. In ihrer Freizeit ist sie begeisterte Kinderporträtistin – mit dem eigenen Sohn als Modell

Kerstin Mosny

besuchte eine Fachhochschule für Fotografie in der französischen Schweiz. Danach arbeitete sie als Assistentin bei verschiedenen Fotografen, unter anderem bei dem Food–Fotografen Jürgen Tapprich in Zürich. Seit März 1985 arbeitet sie im Fotostudio Teubner.